Über dieses Buch Mit seinem ersten Hauptwerk, der *Dantebarke* von 1822, führte Delacroix eine Reihe von thematischen und maltechnischen Neuerungen ein, die seine ganze Laufbahn fortan bestimmten. Fest in der Tradition verankert und zugleich mit ästhetischen Zukunftsvisionen verknüpft, verkörpert dieses Werk in einzigartiger Weise die Entwicklung der französischen Kunst an ihrem historischen Wendepunkt zwischen Reaktion und Reform.
Der Leser wird gewahr, daß die enge Verbindung zwischen Dante und Vergil, den beiden literarischen Hauptgestalten des Bildes, im Grunde nichts anderes darstellt als die Verbindung zwischen Klassizismus und Romantik, die der Künstler für sich selbst anstrebte. Ein Streifzug durch die Politik zeigt darüber hinaus, warum Delacroix auf einen Ausgleich zwischen konservativer und liberaler Weltanschauung bedacht war: mit diesen Gegensätzen wurden nämlich die beiden miteinander ringenden Kunstauffassungen jener Zeit identifiziert. Delacroix' unpolitische Haltung wird daher als ein Weg zur Überwindung der künstlerischen und politischen Spannungen seiner Epoche gedeutet. Des Künstlers Versuch, eine moderne und zugleich idealistische Kunst aus der Taufe zu heben, weist beispielhaft auf die kombinatorischen Tendenzen der Moderne voraus.

Der Autor James H. Rubin, Jahrgang 1944, promovierte, nach Studium in Yale und an der Sorbonne, an der Harvard University. Er lehrte in Boston und Princeton und ist derzeit Professor für Kunstgeschichte und Leiter des Graduiertenprogramms an der Staatsuniversität von New York in Stony Brook. Publikationen in Buchform: *Eighteenth-Century French Life-Drawing* (1977); *Realism and Social Vision in Courbet and Proudhon* (1981). Ferner zahlreiche Aufsätze v. a. zur nachrevolutionären Malerei Frankreichs.

Eugène Delacroix
Die Dantebarke

Idealismus und Modernität

Von James H. Rubin

Fischer Taschenbuch Verlag

kunststück
Herausgegeben von Klaus Herding

For Klaus and Family

Übersetzung von Max Looser und Elke Radziewsky
in Verbindung mit dem Herausgeber

Frontispiz: *Eugène Delacroix, Daguerreotypie von 1842, Metropolitan Museum of Art, New York*

Grafische Konzeption: Max Bartholl und
Christoph Krämer
Lektorat: Wolfgang Balk
Bildredaktion: Carmen Durrant
Originalausgabe
Veröffentlicht im Fischer Taschenbuch Verlag GmbH,
Frankfurt am Main, November 1987

Lithographie: Litho Köcher, Köln
Satz und Druck: Wagner GmbH, Nördlingen
Bindung: G. Lachenmaier, Reutlingen
Printed in Germany
ISBN 3-596-23938-9

Tradition und Grenzüberschreitung

Mit dem Gemälde *Dante und Vergil fahren über den Styx (Falttafel)* hoffte der junge Delacroix im Salon, der offiziellen französischen Kunstausstellung, 1822 die Augen der Öffentlichkeit auf sich zu lenken. Die mächtigen Figuren, die Vision tiefer psychischer Qual, ein großartiges Kolorit sollten das Publikum verblüffen.[1] In der Tat kündigt das Bild einen bedeutenden Maler an und legt ein ganzes Bündel von Themen und Formen fest, welche die romantische Malerei der zwanziger Jahre des 19. Jahrhunderts kennzeichnen. Zugleich ist es ein wichtiges Dokument zum Verständnis der Ambivalenzen zu Beginn von Delacroix' Laufbahn. Zum einen ist die Wahl des Themas und auch des künstlerischen Ausdrucks der erste in einer lebenslangen Reihe von Versuchen, Gegensätze in der Kunst des 19. Jahrhunderts zu überwinden und eine Malerei zu schaffen, die eines Tages Klassizismus und Moderne vereinen würde. Andererseits strebte Delacroix damit auch nach einem Ausgleich zwischen den widerstreitenden konservativen und liberalen Ideologien, mit denen die beiden wetteifernden ästhetischen Systeme damals identifiziert wurden. Kurz nach 1820 war Frankreich noch von Revolution und Kaiserreich geprägt – erst im Lichte dieser Konstellation gewinnt Delacroix' Kunst ihre volle Bedeutung.

Von Anfang an hatte der Künstler den öffentlichen Charakter des Salons im Auge. Am 30. Juli 1821 schrieb er an seinen Freund Soulier: »Ich möchte recht bald ein Bild für den nächsten Salon malen, besonders wenn es mir irgend helfen könnte, bekannt zu werden.«[2] Und am 9. Februar 1822 schrieb er an seine Schwester, Madame de Verninac: »Ich bin mit Arbeit überhäuft. Wenn mir gelingt, was ich mir vorgenommen habe, werde ich in nur zwei Monaten ein recht beachtliches Bild vollendet haben; vielleicht hilft es mir, bekannt zu werden.«[3] Das Gemälde, das Delacroix zu diesem Zwecke schuf, mißt 189 x 246 cm – durchaus Maße, die man von der großen Historienmalerei erwartete. Sein voller Titel lautet: *Dante und Vergil, von Phlegias geleitet, fahren über den See, der die Mauern der Höllenstadt Dis umgibt.* In einer kurzen Beschreibung für den Salonführer fügte der Künstler hinzu: »Die Seelen Verdammter klammern sich an das Boot oder versuchen es zu besteigen. Dante erkennt Florentiner unter ihnen.«[4] Dante, in weißem Gewand mit roter Kapuze, steht links im Boot. Der Anblick zeitgenössischer Mitbürger, die im Höllenpfuhl treiben, löst Verblüffung und Bestürzung bei ihm aus. Wie um Schutz flehend hebt er den rechten Arm und stützt sich mit dem linken Arm auf die zentrale Gestalt, den antiken römischen Dichter Vergil *(Abb. 1)*.

Mit Dante, dem bedeutenden Dichter der Florentiner Frührenaissance, begegnen wir dem Autor des *Höllengesangs*, der zur *Göttlichen Komödie* gehört, dem ersten in der Volkssprache geschriebenen italienischen Epos. In Gestalt einer Reise durch die außerirdischen Welten von Hölle, Fegefeuer und Paradies enthält die *Göttliche Komödie* die tiefsten Aussagen über die menschliche Natur und ihre Bedingung, zugleich aber auch heftige Angriffe gegen Zeitgenossen. Dante war sich bewußt, wie gewagt die Aufkündigung so vieler poetischer Traditionen war; daher erfand er die Begleitung durch Vergil, den Schöpfer der *Äneis*. In einen braunen Umhang gehüllt und mit Lorbeer gekrönt, strahlt Vergil eine überlegene Ruhe aus, die in lebhaftem Kontrast zur Beunruhigung seines Begleiters steht.

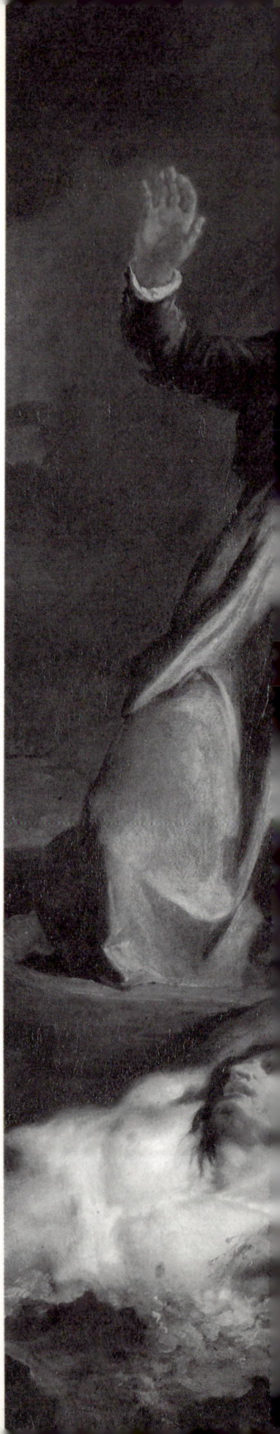

1 *Delacroix, Ausschnitt aus der Dantebarke. Dante und Vergil, die Hauptgestalten des Bildes. Delacroix verwandelt die großen Stoffe der Weltliteratur in Malerei*

Beide sind Fahrgäste in dem schmalen Boot, das der machtvolle Fährmann Phlegias durch die Höllengewässer steuert. Wir sehen ihn rechts in Rükkenansicht; sein blaues, flatterndes Gewand zeugt von seinem Kampf mit der sturmbewegten See. Zusammen mit den Leibern der Verdammten, die im Wasser treiben, erschien sein kräftiger, vom Mantel nur noch gesteigerter Körperbau so manchem Zeitgenossen Delacroix' als Beispiel einer nicht dem Sujet, sondern nur den eigenen Wünschen folgenden Kunst.

Die verdammten Seelen lassen sich nicht als Gestalten aus dem *Höllengesang* benennen. Eher verkörpern sie unterschiedliche Haltungen und Gebärden Verdammter. Einer von ihnen – mit einem Ausdruck großer Pein, den Delacroix' lockerer Pinselstrich noch verstärkt – versucht beim Fährmann auf das Boot zu klettern; links außen beißt sich ein anderer mit den Zähnen daran fest; ein dritter klammert sich vorn in der Mitte an die Längsseite des Boots. Trotz ihrer verzweifelten Anstrengung jedoch ist es diesen Seelen bestimmt, in ihrem Zustand ewigen Sterbens zu verharren. Ihr Ausdruck steht in äußerstem Gegensatz zu den beiden kräftig herausmodellierten Gestalten, die wie traumverloren oder schlafwandlerisch über ihnen einherfahren. Ein scharfes Nebeneinander von Hell und Dunkel auf ihren Leibern treibt den Eindruck einer Kälte hervor, die ihrem Seelenzustand entspricht, aber auch deutlich mit den warmen und bunten Stellen im oberen Bereich, etwa mit Dantes Kapuze, kontrastiert. Die kompositorische Vielfalt und Kraft treibt das Auge zwischen diesen Gegensätzen rasch hin und her. Das Geschehen insgesamt hebt sich ab gegen den Rauch und die Flammen der zerstörten mythischen Stadt Dis.

Obwohl literarisch inspiriert, führt Delacroix' Bild in vieler Hinsicht die noch junge Tradition

2 *Jacques-Louis David, Der Schwur der Horatier, Salon von 1785, Paris, Musée National du Louvre*

3 *Antoine-Jean Gros, Napoleon auf dem Schlachtfeld von Preußisch-Eylau, Salon von 1808, Paris, Musée National du Louvre*

der großen Historienmalerei mit zeitgenössischen Themen fort, wie sie in der französischen Kunst durch Jacques-Louis David, den Maler der Französischen Revolution *(Abb. 2)*, durch Antoine-Jean Gros, den Maler der Napoleon-Legende *(Abb. 3)*, und durch Delacroix' Freund Théodore Géricault *(Abb. 4)* repräsentiert wurde. Blicken wir zum Beispiel voraus auf Delacroix' berühmte *Freiheit auf den Barrikaden* von 1831 *(Abb. 5)*, so finden wir in der *Dantebarke* die gleichen Strukturen, wie sie in der Historienmalerei jener Zeit vorherrschen: den hochragenden pyramidalen Aufbau,

4 *Théodore Géricault, Das Floß der Medusa, Salon von 1819, Paris, Musée National du Louvre.*
Ein zeitgenössisches Ereignis dient Géricault als Ausdruck nationalen Niedergangs und menschlicher Tragödie

5 (S. 12/13) *Delacroix, Die Freiheit auf den Barrikaden, Salon von 1831, Paris, Musée National du Louvre. Die Allegorie auf die Julirevolution von 1830 führt Delacroix zur Revolutionierung der malerischen Mittel*

die horizontale Reihung der Figuren und eine Betonung des Vordergrunds, welche die Gestalten zu einem achtunggebietenden Gegenüber des Betrachters erhebt. Von den Figuren im Wasser gerahmt, folgt die zentrale Gruppe der *Dantebarke* der Bewegung Dantes zur Mitte hin und dem Ruder des Fährmanns. Gleichzeitig wird der Betrachter, durch die aneinandergereihten Leiber unten und den gestischen Verbund von Dante und Vergil oben geleitet, von links nach rechts quer durch das Bild geführt.[5]

Insgesamt also folgt der Aufbau der *Dantebarke* der jüngeren Historienmalerei. Zugleich aber greift Delacroix auf ältere Schichten der Kunstgeschichte zurück. Vor allem spielt das Bild auf Michelangelo und Rubens an, und erst auf dem Hintergrund dieser Rezeption von Renaissance und Barock wird Delacroix' fortschrittliche Haltung deutlich: Das Erstaunliche an der *Dantebarke* ist, daß in ihr all diese unterschiedlichen Einflüsse vereint sind. Als einer der bemerkenswertesten Aspekte der *Dantebarke* wurde zum Beispiel ihr malerischer Stil empfunden. Delacroix löst die Farben auf und gibt das schäumende Wasser pastos wieder. Daher galt sein Bild als Beispiel einer ausgeprägt rubensschen Malweise *(Abb. 6)*. Antoine-Jean Gros, Mitglied der Salon-Jury, war davon so beeindruckt, daß er für das Bild einen Rahmen kaufte und dem jungen Künstler anbot, ihn als Schüler aufzunehmen. Allerdings meinte er einschränkend, Delacroix' Gemälde sei ein »Rubens châtié«, d. h. gemäßigter und gezügelter als das Vorbild. Der Vergleich mit Rubens' *Ausschiffung der Maria de'Medici (Abb. 7)* lag in Paris nahe. Es ist nicht verwunderlich, daß gerade Gros diesen Einfluß feststellte: Farbe und Gegenstand in seinem Werk zeigen deutlich sein eigenes Interesse an Rubens. Delacroix wiederum knüpfte an Gros an; die frei gemalte brennende Stadt im Hintergrund der

Dantebarke erinnert an Gros' *Sappho* von 1801 *(Abb. 8)*, ein Gemälde, das wie Delacroix' Bild eine Dichterpersönlichkeit zur Hauptfigur hatte.

Delacroix' Bildhintergrund ist ein Schlüssel für das Verständnis seiner Malweise: Er hatte diese Partie *(Abb. 9)* mit Wasserfarben sorgfältig vorbereitet und auch in der Endfassung die Farben lokkerer aufgetragen als Gros – zweifellos als Folie für die skulpturalen Figuren Dantes und Vergils. In der Hauptsache arbeitete Delacroix jedoch mit satten, gedämpften Tönen, die stärker noch als an Rubens an Géricault erinnern. Insgesamt aber finden wir zweierlei Methoden der Farbgebung vor, deren Bedeutung noch zu erkunden ist. Einerseits zeigt das Bild düstere Harmonien von Wasser und Hintergrund und fast monochrome Grau-, Braun- und Fleischtöne, welche die Empfindung von Tod und Unterwelt zum Ausdruck bringen. Andererseits finden wir in Dantes Kapuze leuchtendes Rot, bei Vergil ein heftiges Grün und strahlendes Weiß, das wiederum mit dem tiefen Blau des Umhangs kontrastiert, den der Fährmann Phlegias trägt.

6 *Delacroix, Ausschnitt aus der Dantebarke. Der malerisch aufgelöste Duktus erinnert an Rubens, an Michelangelo die geballte Struktur der Figuren*

7 *Peter Paul Rubens, Die Ausschiffung der Maria de' Medici in Marseille, 1622–23, Paris, Musée National du Louvre*

Mannigfaltig sind auch die Verbindungen zu Michelangelo. Vor allem bezieht sich Delacroix auf Körperhaltungen im Deckengemälde der Sixtina *(Abb. 10)*, auf die Skulptur der *Nacht* in der Grabkapelle der Medici und auf den *Sterbenden Sklaven* im Louvre *(Abb. 11)*. Auch spiegeln die muskulö-

8 *Antoine-Jean Gros, Sappho stürzt sich vom Leukadischen Felsen ins Meer, Salon von 1801, Bayeux, Musée Baron Gérard*

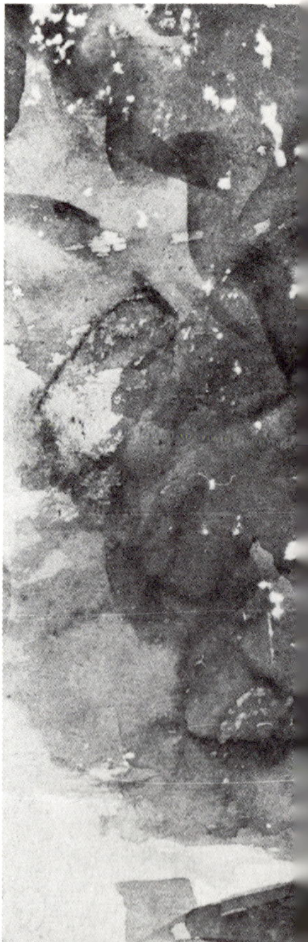

sen Akte – die verdammten Seelen, zu denen Delacroix viele Studien angefertigt hatte *(Abb. 12)* – den Ausdruck von Michelangelos *Ignudi* in der Sixtina und von entsprechenden Figuren aus dem *Jüngsten Gericht (Abb. 13)* wider. Die Vorliebe für Michelangelo teilte Delacroix mit einer Reihe zeitgenössischer Künstler, darunter wiederum Gros, dessen Gemälde *Napoleon bei den Pestkranken von Jaffa* diesen Einfluß zeigt. Ein Bindeglied zwischen Michelangelo und Delacroix' Gemälde stellt endlich die *Sintflut* von Girodet-Trioson dar *(Abb. 14)*. Dieses von einem der unabhängigsten Schüler Davids geschaffene Bild führt uns die Gefahren vor Augen, in die eine Familie durch ausufernde Naturgewalten gerät. Die Zeitgenossen erkannten in Stil und Affekt dieses Gemäldes eine so bemerkenswerte Nähe zu Michelangelos Kunst, daß sie Girodet den großen Preis für Historienmalerei gleich für die gesamte Dekade von 1800 bis 1810 zusprachen.

Kaum zu übersehen aber sind die Beziehungen zu Géricaults *Floß der Medusa (Abb. 4)*. Obgleich acht Jahre jünger, stand Delacroix mit Géricault auf vertrautem Fuße. Er war begeistert von den Ideen des Älteren und soll sogar Modell gestanden haben für die Gestalt rechts vorn auf dem *Floß*. Géricaults Gemälde verarbeitet ein bedeutsames poli-

9 *Eugène Delacroix, Aquarellstudie für den Hintergrund der Dantebarke, Paris, Musée National du Louvre, Cabinet des Dessins*

10 (rechts oben) *Michelangelo Buonarotti, Szenen aus dem Alten Testament (Erschaffung von Sonne und Mond), 1508–12, Rom, Vatikan, Cappella Sistina, Deckengemälde*
11 (rechts unten) *Michelangelo Buonarotti, Sterbender Sklave, 1513–16, Paris, Musée National du Louvre*
12 (oben) *Eugène Delacroix, Studie zu den Verdammten für die Dantebarke, Paris, Musée National du Louvre, Cabinet des Dessins*

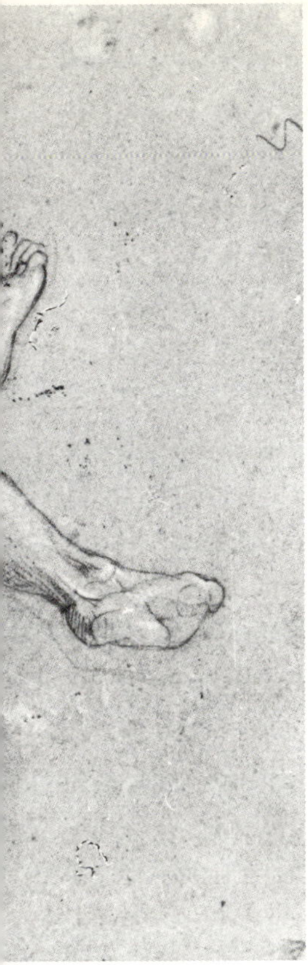

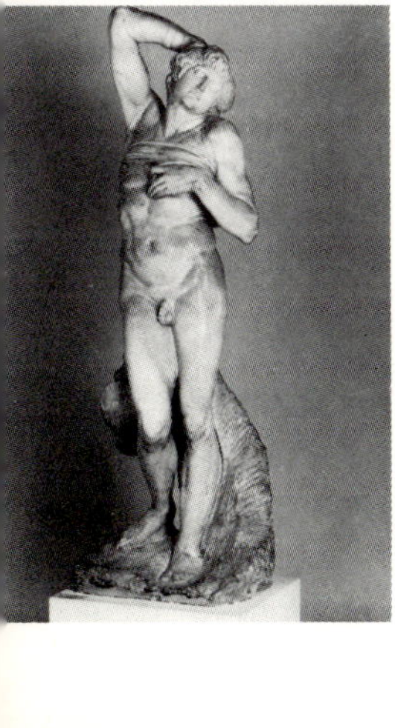

tisches Ereignis, das die Regierung Ludwigs XVIII. in arge Bedrängnis brachte: den Untergang der französischen Fregatte Medusa und den grauenhaften Tod der meisten Passagiere aufgrund der Unfähigkeit eines Kapitäns, der diesen Posten nur durch politische Verbindungen erlangt hatte. Erst fünfzehn Tage nach dem Unglück wurden Überlebende von einem Floß geborgen, das sie sich aus den Trümmern des Wracks gebaut hatten. Géricault befragte zwei der Geretteten, die einen Bericht über ihre Abenteuer verfaßt hatten, und fertigte danach Skizzen verschiedener Vorfälle an, darunter auch der kannibalischen Übergriffe auf tote Passagiere. Im Gemälde aber tilgte Géricault all diese Begebenheiten, um statt dessen ein pathetisches Gleichnis des menschlichen Lebens als einer Fahrt auf sturmbedrohtem Boot zu geben. Damit verwirft Géricault die unter Napoleon gültige Forderung nach zeitgenössischen Historien zugunsten einer allumfassenden menschlichen Tragödie. Im *Floß* werden alte und moderne Kunst, Realität und Ideal in einer Weise verschmolzen, die für Delacroix die Grundlage seiner eigenen künstlerischen Überlegungen bilden konnte. Delacroix wies auf diesen Zusammenhang

IONAS

13 *Michelangelo Buonarotti, Jüngstes Gericht, 1534–41, Rom, Vatikan, Cappella Sistina, Altarwand*

14 *Anne-Louis Girodet de Rucy-Trioson, Szene aus der Sintflut, Salon von 1806, Paris, Musée National du Louvre*

eigens hin, indem er die Figur mit ausgestreckten Armen aus der Mitte von Géricaults Bild seitenverkehrt zitierte *(Abb. 15)*. Der Unterschied zur durchgängigen Dynamik von Géricaults Figuren ist dennoch gewaltig. Vor allem will Delacroix eine Atmosphäre der Innerlichkeit und des Rückzugs aus dem Leben schaffen, während Géricault gerade umgekehrt betont, wie sehr sich seine Gestalten ans Leben klammern.[6] Diese unterschiedlichen Auffassungen weisen auf ein überlegtes Vorgehen hin, mit dem Delacroix zu Beginn der zwanziger Jahre seine einzigartige Stellung in der Kunstwelt auszubauen begann. Eine solche Verinnerlicherung mythischer oder historischer Vorgänge hatte es bis dahin nicht gegeben.

Während Delacroix sich so als Bewunderer von Géricaults Heroisierung zeitgenössischen Leidens

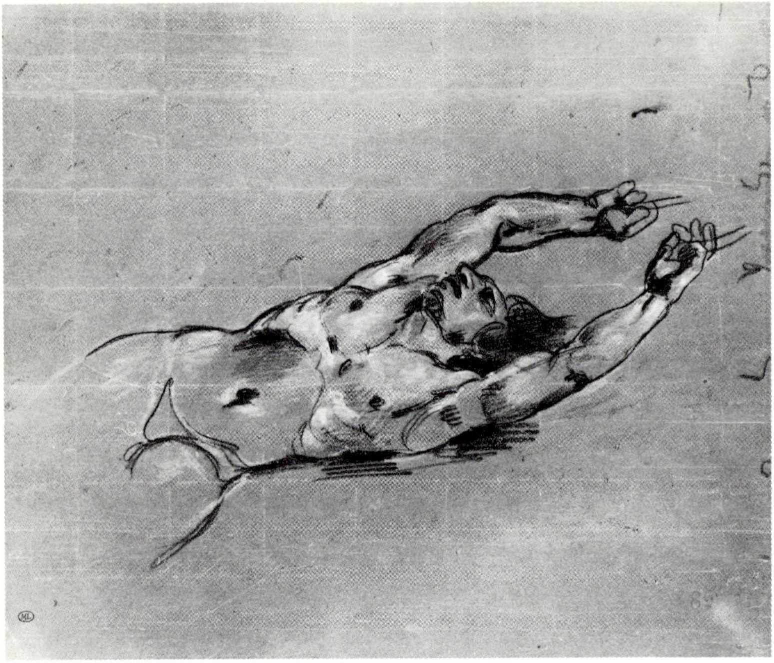

15 *Eugène Delacroix, Studie eines Verdammten für die Dantebarke, Paris, Musée National du Louvre, Cabinet des Dessins*

einführte, sind seine nicht minder bedeutsamen Rückgriffe auf Michelangelo und Rubens zugleich als Eingriff in den alten Streit über die jeweiligen Vorzüge der Alten und der Modernen, d. h. der antiken und der neueren Kunst, zu verstehen. In diesem Streit ging es darum, nach welchen Gesichtspunkten ein Kunstwerk beurteilt und gewürdigt werden sollte.[7] Vor allem sollte das ästhetische Urteil moralisch fundiert sein. Descartes zufolge war die Vernunft als die Fähigkeit, welche den Menschen von den Tieren unterscheidet, an Tugend gebunden und dadurch von dem Instinkt geschieden, der für ihn mit dem Irrationalen und Bösen verknüpft war. Beide Eigenschaften hatten ihre Entsprechungen in der Kunst, nämlich in Linie und Farbe. Die Linie, mit der eine Form festgelegt wurde, assoziierte man mit der Vernunft. Die Farbe hingegen, mit der die Illusion eines plastischen Eindrucks geschaffen wurde, mit der die Beschaffenheit einer Oberfläche oder ein Dekorationsmuster gezeigt werden konnte, verknüpfte man mit den Sinnen. Ihr Einsatz galt nicht nur als minderwertig im Vergleich mit der intellektuellen Handhabung der Linie, man sagte auch, sie reize die niederen Empfindungen des Betrachters.

Im 17. Jahrhundert hatten sich in der Malerei zwei gleich bedeutende Stiltraditionen herausgebildet: die poussinistische, so genannt nach dem Franzosen Nicolas Poussin *(Abb. 16)*, dem geistigen Gründer der französischen Akademie, und die rubenistische, die sich zurückführen ließ auf den Flamen Peter Paul Rubens *(Abb. 17)*. Die konservative Vorliebe der Franzosen für Poussin war nicht nur mit Vaterlandsliebe begründet. Poussins Stil war »linear«, man schätzte den Einklang mit der Vernunft. Rubens' Stil dagegen war »malerisch«, also leidenschaftlich. Ihm wurde vorgeworfen, er übertünche mit brillantem Kolorit die klare Linie. Es schien, als ob er mit freien, spontanen Pinselstrichen Formen aus Farbmassen auftürmte, und dies mit einer Dynamik, die über die »angemessenen« linearen Grenzen hinwegschwoll. Das heißt, man konfrontierte »malerische« Freiheit mit »linearer« Bestimmtheit ebenso wie Leidenschaft mit verstandesmäßiger Beherrschung.

Gekoppelt mit dem Dogma von der Überlegenheit der Linie war die Doktrin vom vollendeten Bild. Die locker gemalten Werke eines Rubens wurden eher als Skizzen denn als vollendete Arbeiten angesehen. Noch auf die Impressionisten wurde diese Auffassung übertragen. Für den heutigen Betrachter hingegen hat die Skizze oft einen ebenso hohen Wert wie das voll durchgearbeitete Werk. Wesentlich für die Skizze ist, daß hier die

16 *Nicolas Poussin, Raub der Sabinerinnen, um 1636–37, New York, The Metropolitan Museum of Art, Dick Fund*

unmittelbare Wahrnehmung spontan in Farbe umgesetzt wird. Eben dies verachteten die Anhänger der linearen Tradition an der Malerei von Rubens und damit auch an den Bildern Delacroix' und später der Impressionisten. Sie verabscheuten die ungefilterte Wiedergabe eines sinnlichen Eindrucks und schätzten nur das sorgfältig kalkulierte und bis zum letzten, glättenden Malvorgang durchgearbeitete Werk.
In diesem Sinne galt die Kunst Michelangelos als gefährlicher Präzedenzfall. Die gewaltigen Skulpturen oder die gigantischen Deckengemälde in der Sixtina *(Abb. 10)* schienen jedes menschliche Maß zu übersteigen. Der »göttliche« und »furchterregende« Künstler verkörperte etwas Übernatürliches, das durch seine ungewöhnliche Kraft erschreckte. So wurde Michelangelo zwar geachtet, dem »normalen« Künstler aber wurde doch emp-

fohlen, im harmonischen Reich des Idealen zu bleiben, wie es in der Kunst Raffaels oder der Antike verkörpert war. Mit solchen Vereinfachungen wurden die Tatsachen völlig umgekehrt; nicht nur die Verehrung Michelangelos für die Antike, sondern auch dessen Einfluß auf Raffael wurden damit verkannt. Trotzdem war gerade dieses Bild das Fundament, auf dem die akademische Lehre, die Achtung vor den Regeln der Vernunft, der Sorgfalt und der Ausgewogenheit beruhte. Delacroix nahm dies alles zwar ernst, wußte aber auch,

17 *Peter Paul Rubens, Raub der Töchter des Leukippos, 1617, München, Alte Pinakothek. Delacroix kombiniert die beiden großen Traditionen europäischer Malerei: Klarheit der Konturen und brillante Farbgebung, gedeutet als Vernunft und Leidenschaft*

wie sehr gerade Michelangelo und Rubens solche Grenzen überschritten hatten. An sie knüpfte er an.

Die ersten Kritiker der *Dantebarke* beschäftigten sich vor allem mit diesen Ausdrucksqualitäten. Als das Gemälde 1855 erneut ausgestellt wurde, konnte es als ein Beispiel des *l'art pour l'art* gelten.[8] Baudelaire empfahl sogar, das Bild aus einiger Entfernung zu betrachten – dann erst könne man seinen poetischen Gehalt voll erfassen. Was im einzelnen dargestellt war, interessierte ihn kaum. Erst später wurde die bei Delacroix (wie schon bei Géricault) angelegte Symbolik des sturmbewegten Bootes als Ausdruck gefährdeter psychischer Verfassung oder politisch-sozialer Bedrängnis verstanden. Im frühen 19. Jahrhundert waren solche Themen in ganz Europa beliebt. William Turner wurde mit zahlreichen Bildern von Meeresstürmen berühmt *(Abb. 18)*, Girodet durch seine *Sintflut (Abb. 14)*, Caspar David Friedrich unter anderem durch das *Wrack im Eismeer (Abb. 19)*. Delacroix selbst zitierte bei seinen Überlegungen zur *Dantebarke* Michelangelos spätes Sonett: »Auf brüchigem Boot, inmitten einer stürmischen See, nähere ich mich dem Ende meines Lebens.«[9] Offensichtlich deutet bei Delacroix die Barke im sturmbewegten Wasser auf das Schwanken des Künstlers zwischen Verzagtheit und Wagemut hin.

Um die Absichten des Malers besser zu verstehen, müssen wir uns mit dem Gegenstand des Bildes genauer beschäftigen. Die Szene ist offenkundig vom achten Gesang des *Inferno* angeregt, der auch die Episode mit Phlegias enthält, aber Delacroix scheint diesen Abschnitt erst nach einigem Zögern ausgewählt zu haben. Wie ein Blatt aus einem Skizzenbuch zeigt *(Abb. 20)*, wollte er zunächst Charon, den Fährmann der Unterwelt, einführen, der in der bildenden Kunst aus Michelangelos *Jüngstem Gericht* bekannt war. Auch legt jene Skizze

18 *Joseph Mallord William Turner, Gestrandetes Frachtschiff, um 1805–10, Lissabon, Fundaçao Calouste Gulbenkian*

19 *Caspar David Friedrich, Wrack im Eismeer, 1821, Hamburg, Kunsthalle. Sturmbewegt oder zu Eis erstarrt ist das Meer eine beliebte Metapher für das Scheitern persönlicher oder politischer Hoffnungen*

noch stärkeres Gewicht auf die anekdotischen Teile der Szene, weniger auf die beiden Hauptfiguren. Eine sorgfältiger ausgearbeitete Studie *(Abb. 21)* rückt Dante und Vergil bereits ins Zentrum der Komposition. Dann aber betrat Delacroix Neuland. In der endgültigen Fassung läßt er nicht nur die Geschichte von Charons Fähre fort,

20 *Eugène Delacroix, Studie zu Charons Fähre für die Dantebarke, Paris, Musée National du Louvre*

21 *Eugène Delacroix, Kompositionsstudie zur Dantebarke, Ottawa, National Gallery*

22 *Eugène Delacroix, Studie zu den Köpfen von Dante und Vergil für die Dantebarke, Paris, Musée National du Louvre, Cabinet des Dessins*

sondern er gibt überhaupt den achten Gesang des *Inferno* als eine nachzuahmende literarische Vorlage auf. Was er jetzt bietet, ist eine Szene von allgemeiner psychologischer Bedeutung. Daher betont er die beiden Hauptfiguren nicht mehr nur – wie in einer weiteren Vorstudie *(Abb. 22)* – durch Größe und Frontalität, sondern vor allem durch ihr Gebärdenspiel. Zunächst innerhalb des historischen Kontexts: Als Florentiner reagiert Dante mit Entsetzen auf den Anblick der verdammten Zeitgenossen aus Florenz, die im schlammigen Wasser des Styx treiben. Er beugt sich zurück, hebt abwehrend die Rechte und scheint mit dem linken Arm bei Vergil Halt zu suchen. Damit widerspricht er dem Text sogar: Während Dante sich im *Inferno* vertrauensvoll auf ein Gespräch mit einer der im Wasser treibenden Seelen einläßt, ist er im Gemälde unverkennbar bestürzt. Dagegen ist der Rückhalt, den Dante in seinem Führer und

24 (rechts) *Anne-Louis Girodet de Rucy-Trioson, Zeichnung der Charonsfähre, um 1811, Musée de Pontoise*

23 *Ary Scheffer, Paolo und Francesca, Salon von 1822, Paris, Musée National du Louvre*

25 *John Flaxman, Illustration (Umrißradierung) zu Dantes Inferno, 1793, New York, The Public Library*

Begleiter Vergil findet, auch ein Leitthema des dantesken *Inferno*. Offensichtlich lag dieser Aspekt Delacroix besonders am Herzen. Wir werden sehen, warum. Das Motiv des Schutzbedürftigen war in der bildenden Kunst freilich nicht ungewöhnlich. Auch wenn Delacroix es als erster zum Hauptthema machte, so war es doch schon früher aufgegriffen worden, so von Ary Scheffer, einem anderen jungen Romantiker. Scheffers *Paolo und Francesca (Abb. 23)*, ebenfalls im Salon von 1822 ausgestellt, aber schon vor dem Bild seines Freundes und Ateliergenossen Delacroix geschaffen, stellt in dieser Hinsicht eine wesentliche Anregung für die *Dantebarke* dar. Dieses Werk wiederum war durch Bilder von Girodet *(Abb. 24)* und Umrißzeichnungen von John Flaxman *(Abb. 25)* angeregt worden.[10]

Delacroix hingegen war sorgfältig bedacht auf die Verbindung zwischen Dante und Vergil. Dies ist mehr als nur ein Mittel, der Komposition Halt zu geben – es ist der Schlüssel zum Verständnis des Bildes schlechthin. Die *Dantebarke* ist ein künstlerisches Programmbild. Wie Dante in seiner *Göttlichen Komödie*, so veranschaulicht Delacroix in seinem Gemälde die Reise in das Reich der Phantasie als einen aus der unmittelbaren Gegenwart gewonnenen Stoff. Sowohl Dante wie Delacroix legen es auf die Wiedererkennung dieses zeitgenössischen Moments an. Zugleich aber steht der Künstler unter Legitimationsdruck und muß deshalb die von der Tradition festgelegten Vorbilder beachten. Erst dann kann seine Vision als Kunst anerkannt werden. So wie sich Dante trotz seiner Modernität auf die Unterstützung Vergils verläßt, so bleibt Delacroix auf Dante als Vorbild angewiesen.

26 *Eugène Delacroix, Tasso im Hospital von St. Anna, Ferrara, Salon von 1824, Zürich, Stiftung Bührle. Der Poet im Gefängnis steht für die Isolation des modernen Künstlers*

Dante als Vorbild der modernen Poetik

In seinen Anfangsjahren dachte Delacroix viel über die Frage der Inspiration des Künstlers nach. In seinem Tagebuch findet sich der Plan einer Allegorie zu diesem Thema. Dabei knüpfte er an Künstler und Dichter an, welche diesen Gedanken bereits gestaltet hatten, wie etwa Dante, Michel-

angelo, Lord Byron oder auch Tasso, den er für den Salon von 1824 malte *(Abb. 26)*. Am meisten identifizierte sich Delacroix jedoch mit Dante, in dessen Werk er fand, wovon er »immer geträumt habe, ohne es genauer bestimmen zu können«.[11] Auch später wandte er sich Dante immer wieder unter diesem Gesichtspunkt zu *(Abb. 27)*.

Wir können deshalb davon ausgehen, daß Delacroix' Auffassung des Dichters, wie sie uns in der *Dantebarke* entgegentritt, höchst sorgfältig überlegt war. Um so auffallender ist der Gegensatz zur Tradition. Denn Dante galt in der französischen Literatur als Inbegriff eines Poeten von höchster Ori-

27 *Eugène Delacroix, Homer begrüßt Dante, 1845, Paris, Palais du Luxembourg, Kuppel der Bibliothek*

ginalität und sublimer Erhabenheit, und eben dies wurde für exzentrisch und gefährlich befunden. Dante, aber auch Milton, Ossian, Shakespeare, Klopstock und Schiller wurden von den klassizistischen Kritikern Frankreichs als Beispiele geistiger Ausschreitung verspottet und zugleich wegen ihrer zunehmenden Popularität gefürchtet.[12]
Tatsächlich hatte der Kritiker P. J. B. Chaussard eine Liste mit solchen Namen, darunter Dantes, benutzt, um Girodet-Trioson 1806 wegen seiner melodramatischen *Sintflut (Abb. 14)* zu tadeln: ein Bild, dessen thematische und stilistische Verbindungen mit Géricault und Delacroix oben dargelegt wurden. Um 1820 aber war Dante zu einem weithin anerkannten Vorbild für moderne Künstler geworden. Auch wenn die *Göttliche Komödie* voller Allegorien ist, so enthält sie doch so viele Bezüge zur jüngeren Geschichte von Florenz (in der der Dichter selbst eine prominente Rolle gespielt hatte), daß man sie als Beispiel einer zeitbezogenen, »realistischen« Kunst begreifen konnte. Diese neue Wertschätzung von Dante als einem modernen und zugleich idealisierenden Poeten trat in der nachrevolutionären Epoche immer stärker zutage; für Delacroix war sie bereits selbstverständlich. Neu war hingegen, daß der Florentiner in Delacroix' *Dantebarke* als Hort der Mäßigung auftrat. Das Interesse an Dante entzündete sich sonst vielmehr an spektakulären Episoden: Thematisiert wurde etwa der Tyrann Ugolino, der das Fleisch seiner Söhne verzehrte, nachdem er mit ihnen in den Hungerturm gesperrt worden war, oder das Liebespaar Paolo und Francesca, das von Paolos eifersüchtigem Bruder, dem Gatten von Francesca, ermordet wurde. Das erste Thema hatte Fortuné Dufau 1800 behandelt, das zweite Girodet um 1805, Coupin de la Couperie 1812, Ingres 1819 *(Abb. 28)* und, wie bereits erwähnt, Ary Scheffer 1822.[13] Delacroix' Entscheidung, auf die Illustra-

tion einer bestimmten Szene zu verzichten und einige allgemeine Punkte von Dantes Dichtung hervorzuheben, könnte in bewußtem Gegensatz zu Scheffer gefallen sein.

Auch das Interesse an englischer Kunst teilte Delacroix mit diesen Malern. Englische Künstler wie Sir Joshua Reynolds oder der gebürtige Schweizer Johann Heinrich Füssli *(Abb. 29)* hatten 1773 und 1806 Ugolinos Kannibalismus und seine inneren Qualen gemalt. Und wie bereits erwähnt, war Flaxman einer der ersten, der die *Göttliche Komödie* illustrierte *(Abb. 25)*. Diese Illustrationen waren es vor allem, die Anfang 1800 die Franzosen Gros und Girodet anregten, nach einem neuen Repertoire nichtklassischer Themen und Ausdrucksweisen zu suchen.[14]

Delacroix' Rückgriff auf Dante hatte demnach Gründe, die in den frühen zwanziger Jahren sehr wohl verstanden wurden. Es war eine liberale, keine radikale Wahl; eine Wahl, die zwar für eine Erneuerung, aber nicht für einen Umsturz Partei ergriff. Deshalb sollte die Bedeutung dieser Wahl aber nicht gering geschätzt werden: Selbst ein solcher Liberalismus war keineswegs üblich, denn seit dem Gemälde Coupins von 1812 war im Salon kein Bild mit einem Sujet aus Dante mehr zu sehen gewesen, geschweige denn eines in großem Format, mit dem Anspruch eines Historienbildes.

Mit dem Erfolg, den die neuen romantischen Sujets fanden, meldeten sich auch neue Stimmen zu Wort, um den Sinn solcher Themen zu erläutern und zu begründen. Die gewichtigste unter ihnen war die von Madame de Staël, jener gelehrten Tochter eines ehemaligen Ministers von Ludwig XVI., die durch die Revolution aus Frankreich vertrieben worden war. Im Exil lernte Madame de Staël die Ideen der deutschen Romantiker kennen, bei denen sie viel von ihrer eigenen Sehnsucht und Enttäuschung wiederfand. Und es war kein Zufall,

28 *Jean-Auguste-Dominique Ingres, Paolo und Francesca, 1819, Angers, Musée des Beaux-Arts*

daß die Heldin ihres autobiographischen Romans *Corinna* Dante als den »Homer der neuen Zeit« pries. Delacroix war von *Corinna* begeistert. Aus diesem Buch erfuhr er, daß die *Göttliche Komödie* ein Ausdruck ganz konkreter religiöser und politischer Strömungen war, die Dante in Florenz miterlebt hatte. Gerade Madame de Staël, deren Ver-

29 *Johann Heinrich Füssli, Ugolino und seine Söhne im Hungerturm, Entwurf, 1806, Chicago, The Art Institute (Leonora Hall Gurley Memorial Collection)*

bannung Napoleon noch verlängert hatte, war für den Zusammenhang zwischen Kunst und zeitgenössischer Wirklichkeit äußerst sensibel. Schon im Jahre 1800 war dies das Hauptthema ihrer einflußreichen Abhandlung *Über die Literatur*. In *Corinna* wurde Dante dann zum Vorläufer des modernen entfremdeten Künstlers: »Man möchte sagen, Dante habe die Leiden, die ihn selbst verzehrten, in diese geistige Welt versetzt (...). Die Hölle zeigte sich ihm in den Farben der Verbannung.«[15] Die Schlüsselrolle, die Dante damit in der modernen romantischen Ästhetik spielte, hat Delacroix' Motivwahl sicher beeinflußt. Dante als Vergils Schüler und Gefährten zu zeigen, ihn damit der Tradition zu verpflichten, hatte vor allem das eine Ziel: den romantischen Rebellen »respektabler« erscheinen zu lassen.

Auch diese Idee war schon früher geäußert worden. Sie war eines der Hauptthemen des romantischen Historikers und sozialistischen Ökonomen Simonde de Sismondi. Sein Buch *Über die südeuropäische Literatur* (1813) war, wenn nicht Delacroix selbst, so doch seinem Zeitgenossen, dem Schriftsteller und gelegentlichen Kunstkritiker Stendhal bekannt. Auch Sismondi setzte sich, wenngleich zurückhaltender als die Brüder Schlegel oder Madame de Staël, für eine zeitgemäße, der eigenen historischen Lage entsprechende und dennoch zeitlos-idealistische Kunst ein. Er wollte damit zwischen den Klassizisten und den Romantikern vermitteln und eine drohende Polarisierung abwenden. Voller Bewunderung schrieb er über Dantes Achtung vor den antiken Schriftstellern. Aber er bemerkte auch, daß dies alles mit einem beachtlichen Naturalismus geschildert sei.[16] Für Sismondi wurde Dante deshalb zur Symbolfigur der romantischen Malerei, weil sich bei ihm die naturgetreue Darstellung der eigenen Zeit mit jener kreativen Phantasie vereinte, die ein Werk auch für traditionell eingestellte Betrachter zur Kunst erhob. Dies stand nicht unbedingt im Gegensatz zur Antikenverehrung; Sismondis Auffassung ging eher dahin, daß Dante eine neue Gattung begründete, in der die abendländische Tradition mit anderen Mitteln fortgesetzt wurde.

Ein ästhetisch-politischer Dialog: Stendhal und Delécluze 1817–1824

Aus dem bisher Gesagten ergibt sich, daß Delacroix innerhalb eines gesellschaftlich verbindlichen Zeichen- und Sprachsystems Gegenstand und Stil seines Bildes überraschend frei zu wählen vermochte. Damit wirkte er geschmacksprägend auf seine Zeit, denn weder die Ideen von Schlegel noch die von Madame de Staël oder gar diejenigen Sismondis waren in den Jahren zwischen 1819 und 1822 schon akzeptiert. Im Gespräch waren damals keineswegs die Werke, die sich später als zukunftsträchtig erwiesen. Im Salon von 1819 (dem Salon vor der Ausstellung der *Dantebarke*) stand nicht etwa Géricaults *Floß der Medusa* im Mittelpunkt, sondern Girodet-Triosons Bild *Pygmalion und Galatea,* ein heute so gut wie vergessenes Werk *(Abb. 30).* Aber es war wohl gerade dieses Gemälde, das mit der Verkündung eines konservativen ästhetischen Programms eine Aufmerksamkeit erregte, die auch Delacroix beeinflußte. Das Thema ist rasch erzählt: Pygmalion, ein antiker Bildhauer, verliebte sich in die von ihm geschaffene Statue der Meeresjungfer Galatea. Aphrodite, die Göttin der Liebe, erweckte diese daraufhin zum Leben. Übertragen wir dies auf die Ebene zeitgenössischer Ästhetik, so hatte Girodet mit seinem Bild ein Plädoyer für einen Klassizismus neuer Prägung geliefert. Pygmalions Projektion von Leben in eine Statue versinnbildlichte die Übernahme des romantischen Geniebegriffs durch den Klassizismus, die Auffassung von Kunst als Vision, als Ausdruck des Seelenlebens des Künstlers – Vorstellungen, die Girodet von Rousseau übernommen hatte.[17] Man kann also Delacroix' Gemälde als eine Art Antwort auf Girodets »romantischen Klassizismus« betrachten:

30 *Anne-Louis Girodet de Rucy-Trioson, Pygmalion und Galatea, Salon von 1819, Dampierre, Château. In seiner klassizistischen Statik bildete Girodets Gemälde in den Augen der zeitgenössischen Kritik den Gegensatz zur modernen Historienmalerei*

während nämlich Girodet als Ergebnis eines modernen, romantischen Malakts die Vision einer wiederbelebten klassischen Kunst bot, kehrte Delacroix die ästhetischen Vorzeichen um und brachte, bei aller Achtung vor der großen klassischen Tradition, eine eher realistische Vision hervor. So ungleich die beiden Gemälde auch sein mögen, so versucht doch jedes von ihnen, die Pola-

31 *Pierre-Narcisse Guérin, Iris und Morpheus, 1811, Leningrad, Ermitage*

risierung von Klassizismus und Romantik aufzulösen, zu der die zeitgenössische ästhetische Auseinandersetzung geführt hatte. Indes sind beide Gemälde von einem je besonderen Interesse geleitet, während sie doch beanspruchen, das Ganze zu

bieten und die jeweilige Gegenposition in sich aufzunehmen. Daher bekunden sie eher die Fortdauer des Konflikts als seine Überwindung.
Die beiden prominentesten und intelligentesten Vertreter dieser widerstreitenden Positionen waren Étienne Delécluze – ein ehemaliger Schüler des klassizistischen Malers Jacques-Louis David, der Kunstkritiker und Schriftsteller geworden war – und Henri Beyle, besser bekannt unter dem Namen Stendhal, der große Romancier der französischen Romantik. Wenn wir diese beiden Autoren im folgenden näher untersuchen, so geht es dabei weniger um den Nachweis unmittelbarer Einflußnahme auf Delacroix als um die Darstellung kunstkritischer Maßstäbe in den Jahren von Delacroix' Aufstieg. Diese Maßstäbe waren in den 1820er Jahren nicht unerheblich von der Politik bestimmt. Mit anderen Worten: Der politische Gehalt des jeweiligen Stils war unterschwellig zu einem wesentlichen Faktor des Kunsturteils geworden. So stellte etwa der von Delécluze unterstützte Klassizismus mit den historischen und mythologischen Bildern eines Girodet oder Guérin *(Abb. 31)* eine konservative Alternative zu dem offenkundig politischen Realismus dar, den David und Gros mit ihren napoleonischen Themen prak-

32 *Antoine-Jean Gros, Napoleon auf dem Schlachtfeld von Preußisch-Eylau. Stil als Stellungnahme zur Politik. Guérins idealistisches Bild stellt eine Gegenwelt dar zu Gros' erdgebundener Kunst*

tizierten *(Abb. 3, 32)*. Im Empire wurden die erstgenannten, klassizistischen Tendenzen in enge Verbindung mit den Emigranten und Aristokraten gebracht, die sich zwar inzwischen der napoleonischen Gesellschaft angepaßt hatten, aber alles ablehnten, was ihnen als demokratische Freigeisterei erschien. Als sie unter der bourbonischen Restauration die Macht zurückgewannen, waren ihre ästhetischen Wortführer der katholische Dichter und Staatsmann Chateaubriand und der klassizistische Historiker, Archäologe und Kunsttheoretiker Quatremère de Quincy, der 1816 zum ständigen Sekretär der Kunstakademie ernannt wurde. Trotz seiner liberaleren politischen Einstellung sympathisierte Delécluze mit so manchen Kunstauffassungen dieser Richtung.

Géricaults Bilder und die Schriften Stendhals verkörperten eine liberale Opposition zu solch konservativem Geschmack. Und auch Delacroix schien deutliche Sympathien für die liberale Politik in der Restaurationszeit zu hegen. Fraglos erwekken seine griechischen Sujets – die auf den Befreiungskampf eines unterdrückten Volkes anspielen – und seine *Freiheit auf den Barrikaden (Abb. 5)* diesen Anschein.

Außerdem waren Delacroix' Verwandte und viele Freunde eindeutig Bonapartisten. Seine Familie hatte es während des Empire zu Wohlstand gebracht: der Bruder war in der kaiserlichen Armee General geworden, die Schwester hatte einen Diplomaten geheiratet. In den reaktionären zwanziger Jahren wendete sich das Glück: Delacroix' Bruder ging in den Ruhestand und zog sich aufs Land zurück, seine Schwester mußte sich verdingen. Delacroix selbst mußte sich mit Kopien nach Raffael und satirischen Lithographien mühsam etwas Geld verdienen. Einige Hilfe erhielt er von Géricault, der ihn mit dem berühmten Schauspieler Talma bekannt machte. Dieser beauftragte den jungen Maler, sein Speisezimmer auszumalen *(Abb. 39)*.

In einer solchen Situation wäre für Delacroix politische Mäßigung sicher von Vorteil gewesen. In der Tat war seine liberale Einstellung durchaus gebrochen, und dies nicht nur aus wirtschaftlichen Zwängen. Als Kind aus einer Familie, deren Mitglieder führende Positionen bekleidet hatten, waren Delacroix aristokratische Denk- und Verhaltensmuster anerzogen worden. Daher sein Bestreben, überall, auch auf ästhetischem Gebiet, als Vermittler aufzutreten, um die politischen, gesellschaftlichen und künstlerischen Gefahren des Konflikts zwischen Romantik und Klassizismus zu umgehen. Konnte er der konservativen Ideologie genügend Zugeständnisse machen, ohne die künstlerischen Errungenschaften der napoleonischen Zeit und seine eigene tiefe Verwurzelung im Liberalismus zu opfern? Konnte er durch berechnete künstlerische Zurückhaltung einer modernen, realistischen Kunst zu jenem Ansehen verhelfen, das ihm die bourbonische Restauration verweigerte? Aus dem Bild heraus lassen sich solche Fragen nicht beantworten. Wir können aber eine Art *Dialog* über Delacroix' Werk rekonstruieren, in dem Stendhal und Delécluze die entscheidenden Partner sind. Dadurch dürfte die zugleich schwankende und vermittelnde Position Delacroix' deutlicher hervortreten als durch eine unvermittelte Bildanalyse.

Stendhal und die demokratische Kunst

Nichts bezeugt die ungewöhnliche Wirkung von Stendhals Schriften zur Kunst besser als die Art, in der Delécluze darauf einging. 1824 schrieb er, die französische Malerei befinde sich in einer

Krise und stehe »vor einem spürbaren Wandel«; dieses Ereignis sei »mit dem Wandel verknüpft, der sich in literarischen Lehrmeinungen vollziehe«.[18] Damit bezog sich Delécluze auf Stendhals einflußreiche Polemik *Racine und Shakespeare*, deren erster Teil 1823 erschienen war – für Delécluze das entscheidende Stichjahr. In der eben zitierten Besprechung des Salons von 1824 verwendete er Stendhals Ausdruck »shakespearianisch«, um die romantische Kunst und vor allem Delacroix' *Massaker auf Chios (Abb. 33)* zu kennzeichnen. Die Shakespearianer, fügte er hinzu, stellten »obskure Theorien« auf, um »deutsche und englische Dichter (Schiller oder Shakespeare) dem französischen Geschmack anzupassen« – eine Bemerkung, die abermals seine Vertrautheit mit Stendhal bekundet.[19] 1828 schließlich wandte er sich dagegen, daß Stendhals *Geschichte der italienischen Malerei* »zum Koran der sogenannten romantischen Maler« geworden sei.[20] In der Tat gibt es schon Anfang der 1820er Jahre Übereinstimmungen zwischen Stendhal und Delacroix. Diese Gemeinsamkeiten hatte Delécluze sofort scharfsinnig erkannt.[21]

Trotz seiner oft unreifen Polemik und trotz vieler Schwächen (über die Hälfte des Buches war ein Plagiat) kam Stendhals Schrift ein großes Verdienst zu: Die *Geschichte der italienischen Malerei* rückte zum ersten Mal die Malerei ins Licht, welche einer Übertragung der romantischen Literaturtheorie auf das Feld der bildenden Kunst zugänglich war.[22] Das Zentrum des Buches bildet ein Bericht über Michelangelos Leben, das Stendhal benutzte, um die Vorzüge der neueren Kunst von Winckelmanns klassizistischem Schönheitskanon abzusetzen.

Michelangelo war für Stendhal ein Beispiel dafür, daß Künstler auch idealistische Werke stets aus einer Reaktion auf die besonderen Umstände ihres

33 *Eugène Delacroix, Das Massaker auf Chios, Salon von 1824, Paris, Musée National du Louvre*

Lebens, ihrer Zeit schufen. Entsprechend forderte er am Anfang der Biographie: »Wollen Sie Michelangelo wirklich verstehen? (...) Dann versetzen Sie sich in die Lage eines Florentiner Bürgers von 1499.« Zu Michelangelos Lebzeiten habe die Schönheit der antiken Kunst »nur wegen ihrer guten handwerklichen Ausführung gefallen. Um den Apoll [von Belvedere] bewundern zu können, braucht man die Urbanität Athens; Michelangelo dagegen sah sich fortwährend zu religiösen Stoffen oder Schlachtenbildern gedrängt; eine schwermütige Grausamkeit prägte die Religion seiner Zeit.« Damit verabschiedete Stendhal die Ideale Winckelmanns, ja er hoffte sogar, sein Werk würde dessen *Geschichte der Kunst des Altertums* als theoretischer Leitfaden für Künstler ablösen.[23]

Die Geschichte der Wertschätzung Michelangelos gleicht derjenigen Dantes: Beide galten um 1800 als exzentrische Einzelgänger, die man weder nachahmen konnte noch sollte; beide verstießen mit ihrem übertriebenen Naturalismus gegen die Würde der Kunst. Für Stendhal dagegen erfüllte Michelangelos Kunst die höchsten Anforderungen. Für uns ist bedeutsam, daß im Mittelpunkt von Stendhals *Geschichte* ein Vergleich Michelangelos mit Dante steht. Aus einem Artikel des Kritikers William Hazlitt in der *Edinburgh Review* hatte Stendhal einen entscheidenden Abschnitt aus Simonde de Sismondis *Südeuropäischer Literatur* übernommen, den er ins Französische zurückübersetzte und dabei mehrfach den Namen Dante in Michelangelo veränderte.[24] Damit kopierte Stendhal nicht nur die gängigen Kriterien der romantischen und klassizistischen Literaturkritik nach 1813 – mit seiner Wertschätzung von Michelangelo als erstem Vertreter der Moderne übertrug er die literarischen Kriterien fast allzu beiläufig auf die bildende Kunst.

Einige Kernstellen seien hier zitiert: Michelangelo war »geleitet von den Gebräuchen seines Landes, Gebräuchen, die heute noch bestehen« – Stendhal hatte in Italien gelebt –, »aber auch von seiner Begeisterung für Dante«. Beide, der Dichter und der Künstler, waren in Stendhals Augen der Antike verpflichtet: »Niemand liebte Vergil mehr als Dante, und doch war der *Aeneis* nichts unähnlicher als die *Hölle*. Michelangelo war stark von der Antike beeinflußt, und dennoch unterscheidet sich nichts stärker von ihr als sein Werk.« Endlich ging es weder Dante noch Michelangelo um schiere Imitation der Wirklichkeit. Beide veränderten die Realität vielmehr, um das Wesen ihrer Zeit darin auszudrücken: »Sie überließen die grobe Nachahmung der äußeren Realität dem mittelmäßigen Künstler und drangen zum Grundsätzlichen vor: *»Zu schaffen, was dem eigenen Jahrhundert am meisten gefällt«*.[25]

Im Unterschied zu den klassizistischen Absolutisten nahm Stendhal eine Vielzahl von unterschiedlichen »Idealen« an, die durch Variablen wie Zeit und Ort bestimmt würden und nicht durch irgendeine Konstante. Michelangelo habe *eine* Version des Idealen geschaffen, die seinem Leben in einer Zeit der Glaubenskriege und des politischen Haders entsprach. Stendhal behauptete aber zugleich, bis zu Michelangelo habe *das* »Ideal« fünfzehn Jahrhunderte lang geschlummert: »Die verbreitete Meinung ist, Michelangelo fehle alles Ideale, doch gerade er ist es unter den Modernen, der das Ideal erfunden hat.«[26]

Wir können solchen Sätzen eine Definition entnehmen, die Stendhal akzeptiert hätte: das Ideal besteht in der Herausarbeitung des jeweiligen geschichtlichen Kerns. Diese Auffassung, noch verstärkt durch die Ermahnung, »dem eigenen Jahrhundert am meisten zu gefallen«, macht offenkundig, daß es Stendhal nicht so sehr um getreue Naturwiedergabe zu tun war. Diese war für ihn nur ein Mittel zur Demokratisierung der Kunst, einem Ideal der Gegenwart. In der *Geschichte der italienischen Malerei* geht er so weit zu sagen, er könne »leicht erkennen, daß schöpferische Energie sich bei den gesellschaftlichen Klassen finde, die nicht über feine Manieren verfügen«.[27] Vermutlich provozierte gerade diese Äußerung die Gegner der Romantik. Selbst Baudelaire kritisierte Stendhals Auffassung, der er doch so viel zu verdanken hatte, weil sie das Ideal seiner aristokratischen Herkunft beraubte.[28] Delécluze wiederum bedauerte, daß bei Übertragung der romantischen Ideenwelt von der Literatur auf die bildende Kunst der englische und deutsche Naturalismus das große Publikum anlocken werde. Dieses Publikum aber, so klagte Delécluze, habe den Künstler dazu getrieben, an nichts anderes als die »materielle Wahrheit« (d. h. an die bloße Wiedergabe des Stoffs) zu denken.[29]

Dieses Publikum war ein Produkt der Revolution. Es war viel weniger einheitlich und gebildet als das traditionelle Kunstpublikum unter dem Ancien Régime. Im Theater galt seine Vorliebe den Melodramen und Boulevardstücken.[30] In der Politik hatte das gleiche Publikum Napoleon weitgehend unterstützt. Die Künstler waren unter seiner Regierung gezwungen, sich an dieses Publikum zu richten, da Kunst zu einer umfassenden und permanenten Propagandakampagne gehörte. Schon deshalb war romantische Kunst für Konservative etwas, wogegen sie opponieren mußten.

Offensichtlich siedelte Stendhal die Ursache für den Konflikt zwischen Klassizismus und Romantik im Feld der zeitgenössischen Politik an. In seiner *Geschichte der italienischen Malerei* führte er aus, Frankreich sei »so sehr mit seinen Ultras« – den Royalisten – »und seinen Liberalen befaßt«, daß es »der schönen Literatur keine Aufmerksamkeit« mehr schenken könne; daher habe er seine ästhetische »Revolution« von den Engländern übernommen.[31] Von daher kann der Angriff, den der ultraroyalistische Parteigänger Louis-Simon Auger unter dem Titel »Manifest gegen die Romantik« gegen Stendhals *Racine und Shakespeare* richtete, nicht mehr überraschen. Auger trat gegen den Shakespeare-Kult auf, weil er »Ideen, Brauchtum und Sprache der Londoner Bourgeoisie« auf die französische Bühne bringe. Für Auger war die Romantik die Kunst einer nichtswürdigen Sorte von Leuten. Daß sie den Wünschen anderer Menschen als des herkömmlichen elitären Publikums entgegenkam, führte ihn absurderweise dazu, Stendhals Ästhetik als »grossière« [grobschlächtig] abzutun.[32] Stendhals sozialer Liberalismus, sein Glaube an die demokratische Basis und an die demokratische Bestimmung der Künste waren die eigentliche Bedrohung, die die Romantik zur Zielscheibe für Angriffe machte.

Delécluzes Angriff auf die Romantik

Im Gegensatz zu Augers beruhte Delécluzes Opposition gegen die Romantik auf der Annahme einer moralischen Qualität des klassizistischen Stils. Seine gesellschaftlichen und politischen Einstellungen aber waren denen von Auger sehr verwandt. 1819 führte Delécluze – zum ersten Mal in einer Diskussion über bildende Kunst – den Gegensatz zwischen dem Romantischen und dem Klassischen ein, wobei er unumwunden für das letztgenannte Prinzip eintrat. Das Paradebeispiel dafür war in seinen Augen Girodets *Pygmalion und Galatea (Abb. 30)*. Delécluze verglich dieses Gemälde mit einem »Traum, einer metaphysischen Vision«, welche »ein ganzes System«, d.h. eine schlüssige ästhetische Theorie enthalte. Im Gegensatz zu diesem System, das auf geistiger Wahrheit beruhe, sei die Romantik viel mehr an materieller Wahrheit interessiert.[33] Er attackierte das Ausufern der bis zum »winzigsten Detail« genauen zeitgenössischen Historienmalerei und erklärte: »Bei solchen Hervorbringungen waren die Maler durch die Grenzen ihrer Sujets eingeschränkt, die fast immer geschichtshaltig« – d.h. modern – »waren. (...) Die weltliche Atmosphäre knebelte sie und zwang sie, nur solche Ideen zuzulassen, die auf greifbarer Realität basieren (...) Das Publikum, das nur die stoffliche Wirklichkeitstreue schätzt, hat sie verführt, an nichts anderes mehr zu denken; die buchstäbliche Wirklichkeitstreue ist zum Hauptziel geworden und deshalb ist die Genremalerei heutzutage die vorherrschende Gattung.«[34]

Es war allgemein bekannt, daß die von Delécluze beklagte Art der Malerei unter dem Empire wegen ihres Propagandawerts gefördert wurde. Es gab sogar offizielle Bemühungen, den Status der zeitgenössischen Historienmalerei zu heben: durch hohe Kaufpreise, durch die Organisation von Wettbewerben, welche die bedeutendsten Maler der Zeit anlockten, und durch die offizielle Unterteilung der Historienmalerei in zwei gleichwertige Kategorien, die der »historischen« und die der »nationalen« Themen. Der Untergang des Empire und der Machtantritt der Bourbonen änderten wenig daran, daß bei Regierungsaufträgen zeitgenössische Sujets vereinbart wurden; allenfalls wandelten die Bourbonen die politische Botschaft solcher Bilder zu ihren Gunsten um, so beispielsweise bei Gros' Gemälde *Die Herzogin von Angoulême schifft sich in Pauillac ein (Abb. 34)*.

Da Delécluze dieses Vorwalten alter und moderner Historienmalerei ablehnte, mußte er unter allen Umständen nach einer Alternative suchen, selbst wenn er sie nur in einem so fragwürdigen Werk wie *Pygmalion und Galatea (Abb. 30a)* finden konnte. Er beharrte auf der Unterscheidung zwischen Idealismus und Materialismus – mit der die Unterscheidung von hoher und niederer Kunst verknüpft ist –, um die klassizistische Malerei als Historienmalerei und die romantische Malerei als Genremalerei einstufen zu können. Auch wenn es einem Künstler wie Géricault – dem offenkundigen Gegner von Girodet im Salon von 1819 – ge-

30a *Girodet, Pygmalion und Galatea, Salon von 1819, Dampierre, Château (s. Abb. 30)*

34 *Antoine-Jean Gros, Die Herzogin von Angoulême schifft sich in Pauillac ein, Salon von 1819, Bordeaux, Musée des Beaux-Arts*

lang, erzählerische und heroisierende Mittel des akademischen Stils für sein *Floß der Medusa (Abb. 4)* zu nutzen, behauptete Delécluze trotzdem, ohne ein hinreichend nobles Sujet sei das Ergebnis lediglich ein Bilderrätsel. So seltsam es wirkt – er beschuldigte Géricault der »manière académique«, warf ihm vor, »schön zu reden, ohne das geringste auszusagen«. Auch wenn die Geschichte diese Bemerkung widerlegt hat, ist sie doch aufschlußreich: Die Verwendung zeitgenössischer Themen war für Delécluze gleichbedeutend damit, daß ein Maler nichts zu sagen habe.[35]

Die gleichen Kriterien gelten auch für den Salonbericht von 1824. Es war das Jahr, in dem Delécluze unter Anspielung auf Stendhals Essay *Racine und Shakespeare* Delacroix' *Massaker auf Chios (Abb. 33)* mit dem Wort »shakespearianisch« beschrieb. Ebenso wie 1819 übernahm er auch jetzt seine Kriterien aus der Literaturtheorie. »Shakespearianisch« bedeutete für Delécluze exakte, wirklichkeitsgetreue Darstellung. Dies war für ihn kein Ziel, ja er hielt dergleichen nicht einmal für möglich: »Leider glaube ich nicht an exakte Ähnlichkeit.« Für ihn galt ungetrübt das »Homeri-

35 *Emile-Jean-Horace Vernet, La Barrière de Clichy, 1822, Paris, Musée National du Louvre*

sche« im Gegensatz zum »Shakespearianischen«.[36] Besonders gegen einen Lieblingsmaler von Stendhal wandte sich Delécluze, gegen den bonapartistischen Schlachtenmaler Horace Vernet, einen Freund und Zeitgenossen Delacroix' *(Abb. 35)*. Stendhal nämlich schätzte Vernets Bilder, trotz ihrer Überfülle an Details und Nebensächlichkeiten, wegen der getreuen Wiedergabe des Soldatenlebens, das der Maler aus eigener Erfahrung kannte. Delécluze hingegen hielt Vernet allenfalls für den ersten Genremaler seiner Zeit, in seinen Augen eine ganz untergeordnete Tätigkeit. Für Delécluze wurde Malerei durch die Berührung mit der schnöden Wirklichkeit erniedrigt. Das Problem der Romantik lag für ihn im Rahmen des traditionellen Konflikts zwischen einer idealen visionären Wahrheit und einem naturalistischen, materiellen Verismus. Demnach wurden romantische Künstler als reaktionäre Beförderer eines Materialismus verurteilt, dessen »Unmoral« Delécluze noch dadurch unterstrich, daß er romantische Maler mit solchen des 18. Jahrhunderts, mit François Boucher *(Abb. 36)* und Carle van Loo *(Abb. 37)*, verglich. Diese wurden mit dem allgemein verachteten Rokokostil der Zeit Ludwigs XV. gleichgesetzt; sie waren stellvertretend für den übersteigerten Luxus und den aristokratischen Geschmack der Reichen und Privilegierten. Ihr »geheuchelter Naturalismus«, wie Delécluze schmähte, entstamme einem Individualismus »ohne Führung und ohne Auswahlprinzip«. Zweifelsohne roch dies nach Unmoral oder zumindest nach Regellosigkeit. Daher klagte Delécluze abermals: »Das Studium der Alten wurde zugunsten der Genremalerei aufgegeben.«[37]

Delécluzes Vergleich der Romantiker mit den Malern des 18. Jahrhunderts wirft auch auf seine Bewertung von Delacroix ein bezeichnendes Licht: Der klassische Stil, den Delécluze bevorzugte und

36 *François Boucher, Ruhendes Mädchen, 1752, München, Alte Pinakothek*

den er in Davids *Horatiern (Abb. 2)* und in Girodets *Pygmalion (Abb. 30)* verkörpert sah, leitete sich aus der Tradition Poussins und der Antike her. Deshalb galt seine Erneuerung, nach den Ausschweifungen von Rubenisten wie Boucher und van Loo, als Sieg des moralischen Strebens über die stoffliche Beschränktheit der naturalistischen Formen Rubens. Das hohe moralische Niveau, auf das sich der Maler vollendet gestalteter, idealer Themen begab, konnte von einem bloßen Handwerker nicht eingenommen werden. Gerade die freie Pinselführung der Rubensschen Tradition aber war Zeichen eines handwerklichen Prozesses, verriet sie doch körperliche Anstrengung. Natürlich mußten sich auch die klassizistischen Maler idealer Szenen anstrengen und Strich neben Strich setzen; die Virtuosität in der Handhabung des Pinsels aber, von Rokokomalern so gern zur Schau gestellt, leugneten sie. Sie glätteten ihre Bildoberflächen und vermieden jede Erinnerung an das mit der Tradition von Rubens verknüpfte Rokoko. Ihren Bildern verliehen sie den Anschein von Objcktivität, der absoluten Gültigkeit und einer vom körperlich arbeitenden Künstler unabhängigen Existenz. Visionäre Kraft, nicht handwerkliches Können legitimierte den großen Künstler. Die unpersönliche Bildoberfläche wurde zum Ausdruck seiner »gottähnlichen« Persönlichkeit – als ob der Künstler ausschließlich mit Inspiration arbeiten

37 *Carle van Loo, Aeneas trägt den Anchises, 1729, Paris, Musée National du Louvre*

könnte. Daher lobte Delécluze Girodet besonders dafür, daß er in *Pygmalion und Galatea* eine Bildszene außerhalb des Ateliers wählte und dadurch alles vermied, »was uns an die handwerkliche Arbeit des Bildhauers erinnern könnte«. Andere Autoren bezeichneten Girodet als »göttlich«, als einen Magier des Pinsels, als einen modernen Pygmalion und dergleichen mehr, und sein Bild als eine Schilderung der »fortschreitenden Eroberung der Materie durch den Geist«.[38] Delécluze setzt den schöpferischen Prozeß mit dem Geist und nicht mit der Materie gleich; für ihn war das alte Verständnis des Künstlers als Handwerker, der von korrupten Regierungen in Dienst genommen wurde und dem Monopol der Akademie unterworfen war, völlig überholt.
Auf moralische Überlegenheit und wirtschaftliche Unabhängigkeit bauend, forderte die klassizistische Partei deshalb für den nachrevolutionären Künstler einen höheren sozialen Status. Diesen sah Delécluze durch den naturalistischen Stil bedroht. Denn schließlich führten die sogenannten Genremaler nicht nur die gemeine Wirklichkeit wieder in die Malerei ein, auch die Nachahmung der Natur war an sich ein im Grunde geistloser handwerklicher Vorgang, der nach Delécluze vom Geschmack der Öffentlichkeit abhängig war.

Exkurs: Reaktionen auf das »Massaker auf Chios«

Delécluzes Urteil über die *Dantebarke* war kurz und bündig: »Dies ist kein Gemälde; dies ist eine Schlammwüste.«[39] Stendhals Urteil ist nicht bekannt. Zum weiteren Verständnis der Rezeption von Delacroix' Kunsttheorie ist jedoch ein Blick auf Stendhals und Delécluzes Analyse des *Massa-*

kers auf Chios (Abb. 33, 38) wertvoll, zumal dieses zeitlich benachbarte Werk so manche Parallele zur *Dantebarke* aufweist.

Für Delécluze war dieses neue Bild eine Ungeheuerlichkeit, da es den Anspruch auf Idealität preisgebe. Aber auch Stendhal, der das Massaker selbst miterlebt hatte, fand Delacroix' Komposition wenig überzeugend. Sie war ihm viel zu gefühlslastig und zu dekorativ, um einen authentischen Ausdruck der zeitgenössischen Gegenwart zu bieten. Er spottete über typisierte Figuren und Haltungen, die zu gängigen Klischees geworden waren – die leichenhafte Figur in der Mitte, die ihn an Gemälde von Pestkranken erinnerte, und die tote Mutter mit dem Kleinkind, das noch an der Brust zu saugen versucht.[40] Zu dieser von Stendhal kritisierten Schwäche für dekorative oder formale Momente kommt der erotische Reiz, den orientalische Gewänder auf Delacroix ausübten. Auch war ihm alles Exotische, von den Perlen und Turbanen bis hin zu Zaumzeug und Schwertern wesentlich. Die ganze malerische Kraft Delacroix' aber liegt in der Landschaft: Sie ist lichterfüllt und stimmungsvoll, frei und flüssig gemalt in einer damals in Frankreich ganz unbekannten Art. Gerade die Freiheit der Ausführung veranlaßte einen Maler wie Gros, der die *Dantebarke* noch bewundert hatte, das *Massaker auf Chios* als »Massaker der Malerei« zu bezeichnen. Tatsächlich ist es erstaunlich, mit welcher Eleganz Delacroix die Farbe Rot über die Gesichter der Gemarterten spielen läßt, welchen Reiz er trotz des grausamen Sujets den Lasuren und pastosen Partien verleiht. So mußte das Leiden vielen Betrachtern als pure Raffinesse erscheinen.

Stendhal spürte dieses paradoxe Zusammengehen bei Delacroix und nahm daran Anstoß. Vermutlich meinte auch Delécluze dies, wenn er die Romantiker beschuldigte, den Rokokostil wiederzubeleben. Keiner der beiden Kritiker war bereit,

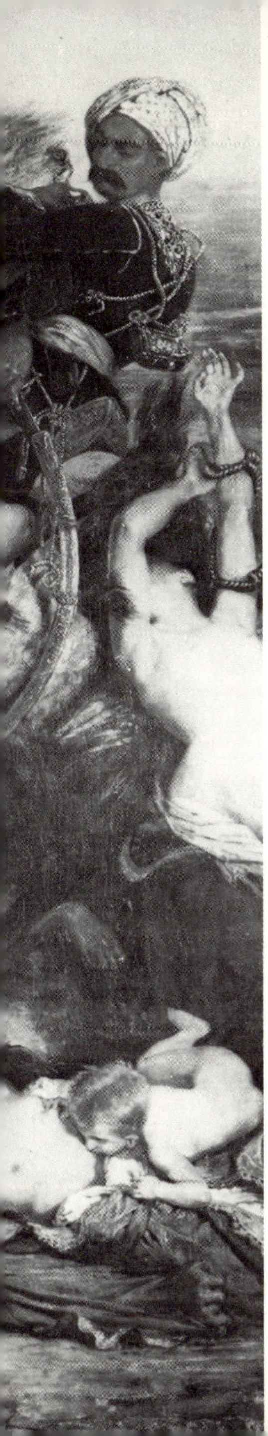

zwischen Kunst und Realität zu unterscheiden, reine Bildwerte gelten zu lassen. Für beide war die Einheit von Thema und Ausführung selbstverständlich, Analyse des Stils und Analyse des Sujets waren für sie praktisch identisch. Deshalb bestimmte auch das Sujet den Wert eines Bildes als Kunst, ihm mußten alle Stileffekte untergeordnet werden.

Daß keiner der beiden Kritiker Delacroix' Kunst zu seinem Ideal erhob, liegt wiederum an dessen ambivalenter Zwischenposition, die sich über die Reaktionen auf das *Massaker* weiter erläutern läßt. Delécluze meinte, wenn die Shakespearianer solche Ungeheuerlichkeiten wie dieses griechische Gemetzel zuließen, würden sie Auswahlkriterien preisgeben, die für den Anspruch der Kunst elementar waren: nicht darzustellen, was ist, sondern, was sein soll – nicht die Realität, sondern das Ideal. Stendhal legte ein anderes Auswahlprinzip vor, eines, das gerade auf die überzeugende Steigerung jener Realität abzielte, die Delécluze für wertlos hielt. Für Stendhal war das menschliche Streben eher vom Lustprinzip geleitet als von einer hypothetischen allgemeinen Moral; Befriedigung empfand er angesichts der Sinnlichkeit realistischer Kunst. Eben dies löste seine Vorbehalte gegenüber dem *Massaker* aus. Dabei hatte Delacroix selbst Assoziationen zum Realismus nahegelegt. Im Kataloghefte zum Salon versah er die Zurschaustellung »griechischer Familien, die der Tod oder die Sklaverei erwartet«, etwa mit der Bemerkung: »Man sehe sich nur die damaligen Zeitungen an.« Auch bekundete er seinen Willen, jene

38 *Eugène Delacroix, Ausschnitt aus dem Massaker auf Chios (s. Abb. 33). Für Gros ein »Massaker der Malerei«. Am erotischen Reiz der Lasuren lag Delacroix ebenso viel wie am politischen Thema*

Schlacht auf Chios *dokumentarisch* wiederzugeben.[41] Unbestreitbar war sich Delacroix des Problems bewußt, daß er sein Thema bei aller Idealität als ein zeitgenössisches Ereignis zu behandeln hatte. Dies belegen zahlreiche Tagebuchnotizen, in denen er Künstler wie Michelangelo und Goya anführt oder auf Napoleon als das epische Grundthema seines Jahrhunderts anspielt.[42] Und dennoch war für ihn etwas ganz anderes wesentlich, als was die beiden Kritiker wollten, nämlich: »Die Seele in tausend Formen zu zeigen, sie anderen zugänglich zu machen, sich selbst zu studieren, sich in den eigenen Werken unablässig selbst zu malen (...) alle anderen Seelen zu erreichen, die die eigene verstehen.«[43] Szenen und Sujets aus der Realität wurden diesem umfassenderen Zweck untergeordnet. Tatsächlich könnte es sein, daß Delacroix' Philhellenismus eher eine modische Attitüde als ein tiefes Engagement war. Viele Ultra-Royalisten unterstützten den griechischen Befreiungskampf ebenso wie Liberale und waren auch Mitglieder von philhellenischen Gesellschaften. Sie sahen Griechenland nicht nur als Vorposten der christlichen Zivilisation und Wiege der westlichen Kultur, die von ungläubigen Barbaren angegriffen wurde, sondern auch als eine mehr abstrakte Verkörperung von Freiheit.[44] Insofern war das *Massaker auf Chios* politisch eine eher harmlose Wahl. Doch scheint Delacroix bewußt dieses zugleich ethische Thema gewählt zu haben, um sich damit von weiteren moralischen Verpflichtungen zu entlasten und sich, wie bei der *Dantebarke*, um so freier rein künstlerischen Problemen zuwenden zu können.

»Idealismus« und moderner Stil

Nicht die Nachahmung der schönen Natur interessierte die Künstler der Romantik, sondern die Natur als Medium der Empfindung, des Gefühls. Bilder bekamen damit eine stärker private Qualität. Delacroix schrieb, Natur werde durch die künstlerische Vision neu geschaffen: »Das Neue liegt im Geist, der bildet, und nicht in der Natur, die gemalt wird.«[45] Delécluze hätte ihm darin sicherlich zugestimmt, denn obwohl sie in Fragen der Technik und der Form nicht übereinstimmten, sahen doch beide im Kunstwerk ein Zeugnis künstlerischer Vision oder Inspiration. Man kann ihre Theorien als künstler- oder prozeßorientiert bezeichnen. Wenn hingegen Stendhal über die einfache Reproduktion von »Äußerlichkeiten« spottete, so sah er doch die Aufgabe des Künstlers gerade darin, die Wirklichkeit und ihre psychischen Wirkungen zu steigern. Man kann seine Theorie als realitäts- oder objektzentriert bezeichnen. Sobald also – wie bei Delacroix – Malerei als schöpferischer Prozeß zu einem Wert an sich wurde, mußte sie mit Stendhals realistischer Kunstauffassung kollidieren.

Gerade Delécluzes spitzer Vergleich mit der »Schlammwüste« zeigt, wenn er auch nicht sehr vorteilhaft für Delacroix ausfiel, daß der Maler erreichte, was er beabsichtigte: die Diskussion drehte sich um den künstlerischen Prozeß. Im Unterschied zu Géricault lenkte Delacroix die Aufmerksamkeit durch ästhetische und nicht durch politische Kontroversen auf sich.

Der entscheidende Unterschied zwischen Géricault und Delacroix ist, daß Delacroix mit seinem Bild, mit einer modernen Malweise, zu theoretischen Fragen Stellung nimmt, die im *Floß der Medusa* nur indirekt angesprochen werden. Géricault hatte ein zeitgenössisches Ereignis als Grundlage einer tiefsinnigen Vision menschlichen Leidens genutzt. Ganz bewußt hatte er sich im Bildaufbau auf die hohe Tradition der Historienmalerei gestützt. Was für Delécluze eine leere akademische Formel war, war für ihn in Wahrheit ein Mittel, seiner Darstellung eine umfassende, überzeitliche Bedeutung zu verleihen. Von daher könnte man die *Dantebarke* sogar als Meditation über die kunstgeschichtlichen Folgen des *Floßes* begreifen. Delacroix kehrt den Bezugsrahmen von Géricaults heroisierter Modernität um: Hatte Géricault versucht, mit dem Vokabular des großen klassischen Stils über die moderne Welt zu sprechen und sein zeitgebundenes Sujet dadurch mit zeitloser Würde und Bedeutung zu versehen[46], so schildert Delacroix eine fiktive Begebenheit außerhalb von Geschichte und Gegenwart in einem modernen Stil, nämlich in fast naturalistischer Malweise und expressiver Farbgebung. Delacroix' Stellung zur Moderne erscheint daher als gebrochen: statt ein zeitgenössisches Ereignis zu wählen, befaßte sich der Künstler mit den Auffassungen zu solchen Themen. Dieser theoretische Bezugsrahmen verlagerte die Aussage des Bildes auf eine andere Ebene. Mit Dante als Hauptfigur wurde Delacroix' Gemälde zu einem Gemälde über Kunst.

Andererseits lebt das Gemälde von seiner Farbgebung. Farbe ist bei Delacroix nicht nur unverzichtbarer Teil der Bildaussage, sondern selbst schon Inhalt: Zum einen wissen wir bereits, daß ein skizzenhafter Farbauftrag die Phantasie des Künstlers stets unmittelbarer auszudrücken vermag als ein durchorganisiertes, geglättetes Kunstprodukt. Zum andern aber ist der skizzenhafte Stil bei Delacroix wesentlich mehr als nur eine Technik; er ist Ausdruck einer »doppelten Sinnlichkeit«, die den materiellen Reiz rechtfertigt als Ergebnis einer romantisch vergeistigten Phantasie.

Sollte seine Kunst wirklich direkt das Gefühl ansprechen, so mußte nach Delacroix' festem Glauben seine eigene Spontaneität unverfälscht zu spüren sein. Nur dann würde die gemalte Oberflächenstruktur gleichsam eine »Brücke« (so der Künstler selbst) zwischen seiner eigenen Seele und der des Betrachters schlagen *(Abb. 9)*. Delacroix war verzweifelt, wenn ihm zwar nicht der Wille, aber die Leidenschaft zur Arbeit fehlte. Er versuchte dann, sich mit der Lektüre von Dante und Byron anzufeuern. 1853 schrieb er: »Den besten Kopf auf meinem Dante-Bild« – den Mann, der die Barke am Heck zu besteigen versucht – »konnte ich rasch und schwungvoll malen, während Pierret mir einen Gesang von Dante vorlas; zwar kannte ich ihn schon, doch trug er ihn mit einem Feuer vor, das mich begeisterte.«[47]

Tatsächlich erscheint vieles auf der *Dantebarke*, zumindest im Vergleich mit Werken von Zeitgenossen, rasch und locker ausgeführt. Eben dieser Aspekt des Bildes löste, neben der kurzen, aber pointierten Bemerkung von Delécluze, auch die meiste Kritik aus. C. P. Landon zum Beispiel stieß Delacroix' Manier ab; zugleich aber bewegte ihn die Frage, welche Künstlerpersönlichkeit, welches Ich, sich hinter einem solchen Stil verbarg. Obwohl er die düsteren Farben bemängelte, lobte er Delacroix für die »originelle und kraftvolle« Komposition, die aus der Distanz auch recht beachtlich erscheine. Bei der Betrachtung aus der Nähe jedoch war er entsetzt: Kaum zu glauben, daß in einer Zeit hochentwickelter technischer Fertigkeiten ein Künstler absichtlich so »aufgelöst, zusammenhanglos« malte, auch wenn dies kühn erscheinen mochte. Die einzigen Fälle, an die Landon sich erinnern konnte, waren »einige in Tempera ausgeführte Gemälde«. Er fügte hinzu: »Man ist versucht, auf dem Bild zwei verschiedene Malweisen zu erkennen – als sei mit einem ersten Verfahren der Gegenstand auf die Leinwand geworfen und die Figuren eingezeichnet worden und diese Komposition in einem zweiten Schritt dann koloriert worden. Man könnte sich sogar denken (wenn dergleichen überhaupt möglich wäre), daß das Bild mit heutigem Duktus nach dem Modell einer alten Zeichnung der Florentiner Schule gemalt wurde.«[48]

Landon hielt die *Dantebarke* also nicht für ein gelungenes Bild; trotzdem beurteilte gerade er es in mancher Hinsicht richtig. Er erkannte die Kühnheit der Ausführung und bemerkte in der Eigenart von Delacroix' Zeichnung die florentinische Herkunft – die an Michelangelo erinnernden Farbflächen, Haltungen und Anatomien und sicherlich auch die allgemeine Geschlossenheit der Umrisse.[49] Noch wichtiger ist allerdings Landons Vergleich mit der Temperamalerei. Tempera ist eine dem Fresko vergleichbare Technik. Die Farbe wird in Schichten aufgetragen, die ebenso wie die einzelnen Pinselstriche bei der Betrachtung aus der Nähe für das Auge sichtbar bleiben. Das eigentliche Fresko, das auf eine dünne Schicht feuchten Mörtels aufgetragen wird, verlangt eine rasche Ausführung, damit der Künstler das Bild vollenden kann, bevor der Mörtel trocken ist; Licht, Schatten oder andere Details werden eventuell sogar nachträglich, *a secco*, aufgesetzt. Bei der Betrachtung aus der Nähe sieht man auf vielen Fresken eine gewandte Pinselführung, bei der Farbschichten oder Pinselstriche erhalten bleiben. Diese Qualitäten galten im 19. Jahrhundert als besonders typisch für Michelangelo, der, unter ständigem Zeitdruck, allein am Deckengemälde der Sixtina arbeitete. Sie sind tatsächlich, auch aus größerer Entfernung, zu erkennen, besonders deutlich auf den späteren Abschnitten des Deckengemäldes *(Abb. 10)*. Noch bezeichnender aber ist, daß man Michelangelos relativ freie Pinselfüh-

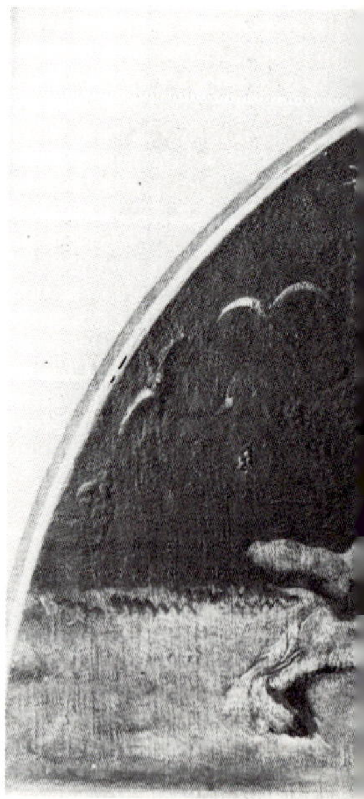

rung oft seinem kühnen und leidenschaftlichen Charakter zuschrieb. Vasari paraphrasierend, äußerte etwa Stendhal: »Von der Glut seines Genius fortgerissen, nahm er sich kaum die Zeit, seine Ideen durch Ausführung der Figuren festzubannen. Die einen hatten bereits Licht und Schatten, während andere bloß im Umriß dastanden und noch andere nur in Kohle skizziert waren. Die Künstler standen in stummer Bewunderung vor diesem Werk.« Und aus eigenem Antrieb fügte er hinzu: »Die idealisierende Kunst offenbarte sich hier zum ersten Male; von nun an war die Malerei für immer von kleinlicher Nachahmung befreit. Niemand hatte sich je vorzustellen vermocht, welche Macht über die Seele Kunst einmal gewinnen könnte.«[50] Für Stendhal war »Freiheit der Ausführung« offenbar ein geeignetes Mittel, dem 19. Jahrhundert Ausdruck zu verleihen; er sah in

39 *Eugène Delacroix, Herbst, 1821, Paris, Collection Jouet-Pastré. Aus einer Serie von Wandbildern für den Schauspieler Talma*

40 *Eugène Delacroix, Detail einer Figur der Dantebarke. Die Spannung zwischen festem Kontur und freier peinture war für Delacroix das Fundament moderner Malerei*

dem bewundernswerten Hang zum Unvollendeten – als dem äußersten Gegensatz zur geglätteten Feinmalerei – die Möglichkeit, Seelenkräfte wachzurufen.

Schon Delacroix' Wandmalereien für Talmas Speisezimmer *(Abb. 39)* zeigten eine Neigung zu großzügiger Vereinfachung.[51] Rechtfertigte damals (1821) der Zweck des Werkes den ungezwungenen Stil, so gab es bei den anschließenden Gemälden keinen äußeren Grund für das Streben nach virtuoser Skizzenhaftigkeit. Delacroix' Tagebuch enthält jedoch eine Fülle von Belegen dafür, daß er während der Zeit seiner Beschäftigung mit dem *Massaker auf Chios* (d. h. in den beiden Jahren nach der *Dantebarke*) viele technische Experimente durchführte. Besonderes Gewicht legte er auf die Umrißzeichnung. Er zwang sich dazu, mit ihr ein Bild zu beginnen und sie stets im Auge zu behalten. Eine so akademische Einstellung mag überraschen. Macht man sich jedoch klar, daß ein Gemälde allein aufgrund einer präzis geführten Umrißlinie als sicher und vollendet gelten konnte, selbst dann, wenn alles übrige »äußerst nachlässig« wirkte[52], so begreift man Delacroix' Überlegung *(Abb. 40)*. Das heißt nicht etwa, daß der Künstler auf einmal die traditionelle Ansicht von der Überlegenheit der Linie über die Farbe übernommen hätte. Er war vielmehr überzeugt (ebenso wie übrigens Stendhal[53]), daß ein Werk auch dann vollkommen sein könne, wenn einige Aspekte unausgeführt bleiben. Géricault war ihm ein Garant hierfür. Aber auch die spanische Kunst zog Delacroix unter diesem Gesichtspunkt an, namentlich Goya, dessen Radierungen er gesehen hatte, aber auch Velázquez *(Abb. 41)*, dessen Werk er zumindest aus Kopien von Géricault kannte. In seinen Augen wurde der bewundernswürdige Realismus beider Maler von virtuoser Kunstfertigkeit getragen. In seinem Tagebuch hatte Delacroix

Goya und Michelangelo als die herausragenden Zeugen ihrer Zeit bezeichnet; darauf basiert wohl auch der Wunsch, Michelangelos Pinselduktus nachzuahmen.[54]

41 *Diego Velázquez, Venus und Cupido (Venus mit Spiegel: »The Rokeby Venus«), um 1649–51, London, National Gallery*

Noch aufschlußreicher ist jedoch Folgendes. Begeistert schrieb Delacroix, als er Martin Drollings Kopien nach Michelangelo gesehen hatte: »Gott, was für ein Mensch! Welche Schönheit!« Und weiter: Es wäre »eine einzigartige und wahrhaft schöne Sache, den Stil von Michelangelo mit dem des Velázquez zu verschmelzen. Mir kam dieser Gedanke, sobald ich diese Zeichnung (nach Michelangelo) sah. Sie ist sanft und zart. Ihre Formen sind von einer Zartheit, wie sie nur eine weiche pastose Malerei wiedergeben kann, und zugleich sind die Umrisse voller Kraft« – Bemerkungen eines Kenners. Delacroix hatte offenbar den Eindruck, daß er bisher noch nicht das ganze Ausmaß von Michelangelos maltechnischer Freiheit erkannt hatte. Er war fasziniert von technischen

Einzelheiten, aber auch von den Ausdrucksmöglichkeiten Michelangelos. Er notierte: »Die Hände sind sehr bemerkenswert. Großartige Einfassungen. Einfache Wangen. Die Nase ohne kleinteilige Formen – wirklich das, was ich immer gesucht habe.«[55] Und er beschloß, »diese Köpfe fest im Gedächtnis zu behalten und Drolling um Erlaubnis zu bitten, sie zu kopieren«.

Die Kombination aus Michelangelo und Velázquez, die Delacroix sich vorstellte, betraf wohl mehr die Übertragung von Michelangelos Freskotechnik auf die Ölmalerei als eine wirkliche Synthese beider Stile. Aber gerade darin sehen wir das eigentliche Ziel seiner Nachforschungen: die Suche nach einem alle Gattungen übergreifenden freien Stil. Schließlich gab es nur wenige zeitgenössische Bilder, auf denen Delacroix einen großzügigen Umgang mit Ölfarbe beobachten konnte. Delacroix' Begeisterung für Rubens und seine Nachfolger im 18. Jahrhundert deutet in ähnliche Richtung und weist zugleich über die Beziehung zu Michelangelo hinaus: Delacroix versuchte den kraftvollen Ausdruck des Florentiners mit der freizügigen Art des Flamen zu kombinieren, aber auch die raffinierte Doppeldeutigkeit seiner Nachahmer im Rokoko zu nutzen, bei der sich Realismus und Künstlichkeit wechselseitig harmonisch vermitteln. Diese Doppeldeutigkeit wird in der *Dantebarke* – in den späteren Werken sogar noch stärker – zu einer Quelle der Energie und der Spannung. Der *Tod des Sardanapal* etwa *(Abb. 42)*, jenes überwältigende Bild von 1827, in dem Delacroix' romantische Bestrebungen wohl ihren radikalsten Ausdruck fanden, läßt am besten erkennen, worauf dies hinausführen sollte: Ein orientalischer König, der, von Rebellen bedrängt, sich umbringt und dabei zugleich seine Frauen und Tiere abschlachten und sein Hab und Gut verbrennen läßt – dieses Ereignis nimmt der Ma-

42 (S. 72/73) *Eugène Delacroix, Der Tod des Sardanapal, Salon von 1827, Paris, Musée National du Louvre*

43 *Edouard Manet, Le chemin de fer (Die Eisenbahn), 1873, Washington D. C., The National Gallery of Art*

ler zum Anlaß, dramatische Haltungen in rhythmischer Folge abzuspulen, exotische Kostbarkeiten in strahlenden Farben und großzügigem Duktus über die Fläche hinzubreiten. Delacroix bündelt die malerischen Effekte hier in einer Weise, als habe er eine Symphonie für die Augen malen wollen: er ästhetisiert das Geschehen mehr, als daß er das Grauen eingefangen hätte. Hier wie in der früheren *Dantebarke* zeigt die Malweise einerseits das ganze Drama des Vorgangs und die Intensität des schöpferischen Prozesses, auf den der Betrachter eingestimmt werden soll; andererseits haftet diesem Stil etwas Künstliches an, und auch dies war Delacroix' Absicht: Er distanziert uns vom Geschehen, indem er uns daran erinnert, daß wir vor einer künstlerischen Fiktion stehen, deren Ausführung uns Vergnügen an einem an sich abstoßenden, ja schauderhaften Sachverhalt bereitet. Wir reagieren also nicht unmittelbar betroffen, sondern vermittelt, d.h. ästhetisch. Unter diesem Aspekt ist der Realismus der *Dantebarke* nur ein Mittel oder Vorwand: Wir bleiben vom Vorgang unberührt, weil wir uns allein auf die künstlerischen Werte konzentrieren. Deshalb ist dieser Delacroix ein Verbindungsglied zwischen dem romantisch-klassizistischen Ästhetizismus von Girodet und Delécluze und der Modernität Manets *(Abb. 43)*.

Stil als Mittel der Anpassung

Eine der begeisterten Kritiken, die Delacroix vor Baudelaires Besprechung des Salons von 1846 bekam, war die des damaligen Provinzjuristen und späteren Staatsmanns Adolphe Thiers von 1822. Dem heutigen Leser erscheint Thiers' Auffassung der *Dantebarke* und sein uneingeschränktes Lob des Malers prophetisch. Thiers wandte die gleichen Kriterien an wie Landon, nur in positiver Richtung. Er schrieb:
»Neben der poetischen Einbildungskraft, die Schriftstellern und Malern eigen ist, besitzt dieser Künstler eine Art visueller Einbildungskraft, die etwas ganz anderes ist. Er wirft seine Figuren rasch hin, gruppiert und verändert sie nach Belieben mit der Kühnheit eines Michelangelo und der schöpferischen Kraft eines Rubens. Ich weiß nicht, welche großen Künstler beim Anblick dieses Gemäldes vor mir aufsteigen; jedenfalls finde ich darin jene urtümliche, feurige und doch natürliche Kraft, die spontan ihrer Regung nachgibt.«[56]
Für Thiers also war die kühne, schwungvolle Maltechnik der *Dantebarke,* welche die Figuren »rasch hingeworfen« erscheinen läßt, etwas Wesentliches *(Abb. 9)*. Sie war ihm Zeichen der spontanen Einbildungskraft, des unbewußten Impulses, dem der

Künstler folgt. Die Kriterien von Thiers' Kritik sind Technik und Malstil, die scheinbar »äußeren« Erscheinungsmerkmale eines Bildes. Gemeint ist damit aber im Grunde der Künstler selbst, der sich auf einen schöpferischen Prozeß einläßt. Thiers konzentriert sich ausschließlich auf diese Verschmelzung zwischen dem technischen Vermögen des Malers und seiner geistigen oder seelischen Verfassung. Das erzählerische Sujet des Bildes interessiert ihn kaum. Es handelt sich hier um die Vorformen dessen, was Emile Zola das »Temperament« nannte, als er über die Kunst von Courbet schrieb.[57]

Wenn der von Delacroix entwickelte skizzenhafte Stil entscheidend von Michelangelo beeinflußt wurde, dann bedeutet das mehr als nur den allgemeinen Wunsch, die Vorstellungskraft anzuregen. Stendhal hatte das Ziel bereits genannt: Es ging darum, *zugleich modern und ideal,* in einem Wort »romantisch« zu sein. In der Sicht von Delacroix führte Modernität, d. h. die Bearbeitung der Realität, zu dem Problem, wie Form und Gegenstand zugleich in den zeitlosen Bereich der Kunst eingefügt werden konnten. Das Problem lag also in der Vermittlung zwischen dem unbestrittenen Anspruch der Romantik auf moderne Themen in dramatischem Stil, und dem Bestreben, die künstlerische Vision als etwas Einzigartiges zu begreifen und sie als ein von den soziopolitischen Wechselfällen Unabhängiges zu behaupten. In der künstlerischen Praxis von Delacroix bedurfte das Verlangen nach Idealität in modernem Gewande stilistischer Hilfsmittel, die sowohl das Gefühl ansprachen als auch die Einbildungskraft förderten. Zwei Irrwege galt es zu vermeiden: das reine Abkopieren, das als mechanistisch galt, und das bloße Beharren auf klassischen Formen, in denen sich die Einbildungskraft nicht mehr ausdrücken ließ. Delacroix' Ausgleichsversuch mußte stilistisch so eingehüllt werden, daß er sowohl der kunstgeschichtlichen Tradition als auch dem modernen Geschmack der neuen Oberschichten entsprach. Mit dem Delacroix der ersten Jahre nach 1820 befinden wir uns an jenem entscheidenden Anfangspunkt der Moderne, an dem die Kunst durch die Koppelung von kreativer Persönlichkeit und technischem Prozeß bestimmt wird. Allerdings läßt sich hier auch erkennen, wie dies aus dem Bedürfnis hervorging, den universellen, moralischen Status einer Kunst zu wahren, die mit zeit- und parteigebundenen Ansprüchen konfrontiert wurde. Delacroix wußte, daß er nicht nur einen einzelnen Mäzen, sondern ein breites Publikum für sich gewinnen mußte. Also strebte er bewußt einen Erfolg im Salon an und ging auf das Publikum ein. Zugleich wahrte er mit einem individuellen Stil seine künstlerische Autonomie und führte die Kunst auf eine Ebene außerhalb der politischen Parteizugehörigkeit seiner Zeit. Diese Verlagerung von Kunst aus dem Bereich des Öffentlichen ins Private und des Moralischen ins Ästhetische war das Ergebnis der veränderten Bedingungen für Produktion und Sinngebung in der nachrevolutionären Welt.

1 Lee Johnson, *The Paintings of Eugène Delacroix. A Critical Catalogue.* 2 Bände, Oxford (Clarendon Press) 1981, Bd. I, Nr. 100, S. 72–78 – die maßgebliche Darstellung der Herkunft, Quellen, Bedingungen und der Geschichte der *Dantebarke,* die auch einen großen Teil der Fakteninformationen über das Gemälde enthält, von denen ich hier Gebrauch mache.

2 Delacroix, Brief an Soulier, 30. Juli 1821: »Je désirerais vivement faire un tableau pour le Salon prochain, surtout s'il pouvait quelque peu me faire connaître.« In: Eugène Delacroix, *Correspondance générale,* herausgegeben von André Joubin, Paris 1936, Bd. I, S. 128. (Vgl. Eugène Delacroix, *Briefe I.* 1813–1946. Deutsch von Wilhelm Stein, Basel 1918, S. 65).

3 Delacroix, Brief an Madame Verninac, 9. Februar 1822 (s. Anm. 2), Band V: *Supplément et tables,* Paris 1938, S. 106: »Je suis accablé de besogne. Si je viens à bout de ce que j'entreprends, j'aurais fait en deux mois seulement un tableau assez considérable et qui pourrait contribuer à me faire connaître.«

4 *Catalogue des peintures, sculptures ... Salon de 1822,* No. 309 (zitiert bei Johnson [s. Anm. 1], S. 72: »Dante et Virgile conduits par Phlégias, traversent le lac qui entoure les murailles de la ville infernale de Dité. – Des coupables s'attachent à la barque, où s'efforcent d'y entrer. Dante reconnaît parmi eux des Florentins«).

5 Die kompositorische Traditionsgebundenheit der *Dantebarke* wird hervorgehoben bei Frank Anderson Trapp, *The Attainment of Delacroix,* Baltimore 1970 (Johns Hopkins Press), S. 20–26.

6 In einem nach der Fertigstellung des vorliegenden Essays veröffentlichen Artikel machte Roy Howard Brown ähnliche Bemerkungen über Delacroix' Figuren als Beispiele für den Fortgang in der Entwicklung seines Heldentypus (Roy Howard Brown, »The Formation of Delacroix's Hero between 1822 and 1831«, in: *Art Bulletin,* LXVI, Juni 1984, S. 237–254).

7 Zum Streit um die Antike und die Moderne siehe Hans Robert Jauss (Hrsg.), Charles Perrault, *Parallèle des anciens et des modernes en ce qui regarde les arts et les sciences,* mit einer einleitenden Abhandlung von H. R. Jauss und kunstgeschichtlichen Exkursen von Max Imdahl, München 1964. Zu Dantes Schicksal in der Kritik siehe Albert Counson, *Dante en France,* Paris 1906 und Werner Friedrich, *Dante's Fame Abroad, 1350–1850,* Chapel Hill 1950, bes. S. 114–119.

8 Siehe Théophile Gautier, *Les Beaux-Arts en Europe, 1855,*

Paris 1856, S. 173, und Maxime Du Camp, *Les Beaux-Arts à l'Exposition universelle de 1855,* Paris 1855, S. 89–90 und 94–95.

9 *Journal de Eugène Delacroix.* Introduction et notes par André Joubin, Paris ²1960, Bd. I (1822–1852), S. 43 (4. Januar 1824). Zum Thema der Barke siehe René Huyghe, »Delacroix et le thème de la barque«, in: *La Revue du Louvre et des musées de France,* 1963, No. 2, S. 65–72; Lorenz Eitner, »The Open Window and the Storm-Tossed Boat«, in: *Art Bulletin* 37, 1955, S. 281–290, und Northrop Frye, »The Drunken Boat: The Revolutionary Element in Romanticism«, in: Frye (Hrsg.), *Romanticism Reconsidered. Selected Papers from the English Institute,* New York, 1963, S. 1–25.

10 Eine gründliche Untersuchung der Frage, warum sich Delacroix solche Freiheiten im Umgang mit Dantes Text herausnahm, liefert Klaus Schwager: »Die ›Dantebarke‹ – Zur Auseinandersetzung Eugène Delacroix' mit einem literarischen Vorwurf«, in: Helmut Brunner, Richard Kannicht, Klaus Schwager (Hrsg.), *Wort und Bild: Symposion des Fachbereichs Altertums- und Kulturwissenschaften zum 500jährigen Jubiläum der Eberhard-Karls-Universität Tübingen 1977,* München 1979, S. 313–339.

11 Delacroix, *Journal* (s. Anm. 9), 16. Mai 1823, Bd. I, S. 29 und 7. Mai 1824, S. 96–97.

12 Siehe dazu meinen Aufsatz »An Early Romantic Polemic: Girodet and Milton«, in: *Art Quarterly,* Herbst 1972, S. 210–238.

13 Siehe Robert Rosenblum, »Who Painted David's ›Ugolino‹?«, in: *Burlington Magazine* 110, November 1968, S. 620–623; Irène de Vasconcellos, *L'inspiration Dantesque dans l'art romantique français,* Paris 1925; Christian von Holst, *Dante, Vergil, Geryon: Höllengesang der Göttlichen Komödie in der bildenden Kunst,* Ausstellungskatalog, Stuttgart, Staatsgalerie, 1980.

14 Siehe Paul Jocannides, »Some English Themes in the Early Work of Gros«, in: *Burlington Magazine* 117, Dezember 1975, S. 783, und meinen Aufsatz »Gros and Girodet«, in: *Burlington Magazine* 121, November 1979, S. 716–721. Über Zusammenhänge mit Flaxman, vgl. Sarah Symmons, »French Copies after Flaxman's Outlines«, in: *Burlington Magazine* 115, September 1973, S. 671–672, und »Géricault, Flaxman and Ugolino«, in: *Burlington Magazine,* 115, Oktober 1973, S. 519–599. Zu Füssli siehe Wolfgang Hartmann, *Die Wiederentdeckung Dantes in der deutschen Kunst: J. H. Füssli, A. J. Carstens, J. A. Koch,* Bonn 1969, S. 22–111.

15 Germaine Necker, Baronne de Staël-Holstein, *Corinne* (1807), in: *Œuvres complètes,* Paris 1836, Band I, S. 666. (Deutsch: *Corinna oder Italien.* Aus dem Französischen

übertragen von Dorothea Schlegel. Überarbeitet, mit Anmerkungen, einer Zeittafel, Literaturhinweisen und einem Nachwort herausgegeben von Arno Kappler. München 1985, S. 35 ff.)

16 J. C. L. Simonde de Sismondi, *De la littérature du midi de l'Europe* (1813), Paris 1819, Bd. I, S. 357–361 und S. 397.

17 Siehe dazu James H. Rubin, »*Pygmalion and Galatea:* Girodet and Rousseau,« in: *Burlington Magazine,* August 1985, S. 517–520.

18 Etienne-Jean Delécluze, »Beaux-Arts, Expositions du Louvre, 1824«, in: *Journal des débats,* 8. September 1824.

19 Ebd., 5. Oktober 1824.

20 Delécluze, *Précis d'un traité de peinture,* Paris 1828. Zitiert bei David Wakefield, »Stendhal and Delécluze at the *Salon* of 1824«, in: Francis Haskell, Anthony Levi und Robert Shackleton (Hrsg.), *The Artist and the Writer in France: Essays in Honour of Jean Seznec,* Oxford 1974, S. 81. Delécluzes Gebrauch der Wendung »Malerei des Ausdrucks« um 1819 weist auf seine Vertrautheit mit Stendhal hin, der diese Wendung häufig benutzte, um in seiner *Geschichte der Malerei in Italien* die moderne romantische Kunst zu kennzeichnen.

21 Zu Stendhals Kunstkritik siehe Anita Brookner, *The Genius of the Future: Studies in French Art Criticism (Diderot, Stendhal, Baudelaire, Zola, The Brothers Goncourt, Huysmans),* London/New York 1971, S. 33–56, sowie die informative Einführung von David Wakefield zu *Stendhal and the Arts,* selected and edited by David Wakefield, London 1973, S. 1–32.

22 Die wichtigste Untersuchung über Stendhals Plagiat: Paul Arbalet, *L'histoire de la peinture en Italie et les plagiats de Stendhal,* Paris 1913 (vgl. die Einleitung des deutschen Herausgebers zur *Geschichte der Malerei in Italien* [Anm. 23], S. XXIII ff.).

23 Stendhal, *Histoire de la peinture en Italie,* Paris (Ed. Le Divan), 1929, Bd. II, S. 244, 246; Reprint Nendeln/Liechtenstein 1968; deutsch: *Geschichte der Malerei in Italien.* Erste deutsche Ausgabe (gekürzt) von Friedrich von Oppeln-Bronikowski, Berlin, o. J. (1924), S. 293–294, mit einem Vorwort von Heinrich Wölfflin: »Man überlege: In Rom malten damals (zur Zeit der Veröffentlichung der *Histoire*) unsere Nazarener die Josephsgeschichten als Fresken an die Wände der Casa Bartholdi und waren überzeugt, eine neue Ära der Kunst damit heraufzuführen; der französische Literat in Mailand dachte sich die kommende Kunst ganz anders: das Neue wird eine bisher unerhörte Darstellung der Affekte sein; wenn irgendetwas das junge Jahrhundert kennzeichnet, so ist es das wachsende Verlangen nach leidenschaftlicher Erregung. Für Frankreich hat er recht behalten.

Die ›Geschichte der Malerei in Italien‹ erschien 1817, fünf Jahre später brachte Delacroix seine Dantebarke zur Ausstellung«. Vgl. auch Arbalet, *Les plagiats* (siehe Anm. 22), S. I.

24 Siehe Vittorio del Litto, *La vie intellectuelle de Stendhal. Génèse et évolution de ses idées, 1802–1821,* Paris 1959, S. 525–532.

25 Stendhal, *Histoire,* ed. Arbalet, Bd. II, S. 282–283.

26 Ebd., S. 201.

27 Ebd., S. 255, Anm. 2.

28 Baudelaire, »Le peintre de la vie moderne«, in: *Curiosités esthétiques,* Paris 1962, S. 456 [in: *Œuvres complètes.* Texte établi, présenté et annoté par Claude Pichois, Bibliothèque de la Pleïade, Paris 1976, Bd. II, S. 686].

29 Delécluze, »Lettres au rédacteur du *Lycée français* sur l'exposition des artistes vivants«, in: *Le Lycée français,* II, 1819, S. 237–238.

30 Siehe Maurice Descotes, *Le public de théâtre et son histoire,* Paris 1964, S. 209–243 (über »Shakespirécourt«: S. 224), sowie Peter Brooks, *The Melodramatic Imagination: Balzac, Henry James, Melodrama and the Mode of Excess,* New Haven 1976, S. 43–44.

31 Stendhal, *De l'amour,* Paris 1822, S. 132, zitiert bei Fernand Rudé, *Stendhal et la pensée politique de son temps,* Paris 1967, S. 95; Stendhal, *Histoire,* ed. Arbalet, Bd. II, S. 327.

32 Louis Simon Auger, »Manifeste contre le romantisme«, zitiert bei Stendhal in der zweiten Fassung (1825) von *Racine et Shakespeare,* hrsg. v. Pierre Martino, in: *Œuvres complètes de Stendhal,* Bd. I, Paris 1925, S. 58.

33 Für weitere Einzelheiten siehe meinen Aufsatz »Pygmalion and Galatea« (Anm. 17).

34 Delécluze, *Lycée,* II, S. 237–238.

35 Ebd., S. 322.

36 Delécluze, *Journal des débats,* 16. Oktober 1824.

37 Ebd., 21. Oktober 1824.

38 Delécluze, *Lycée,* II, S. 242.

39 Delécluze, in: *Le Moniteur universel,* 18. Mai 1822.

40 Stendhal, »Salon de 1824«, in: *Journal de Paris,* abgedruckt in: *Mélanges d'art et de littérature.* Paris 1867, S. 150 und S. 179–180. Siehe auch Brookner, *Genius of the Future* (s. Anm. 21), S. 51–52.

41 *Explication des ouvrages de peinture, sculpture …,* Paris 1824, No. 450.

42 Zum Beispiel Delacroix, *Journal,* Bd. I, 7. April 1824, S. 70 und 11. Mai 1824, S. 99.

43 Delacroix, *Journal,* 14. Mai 1824, Bd. I, S. 102.

44 Nina Athanassoglou, *French Images from the Greek War of Independence, 1821–1827: Art and Politics under the Restoration.* Ph. D. Dissertation, Princeton University 1980.

45 Delacroix, *Journal*, 14. Mai 1824, Bd. I, S. 103.

46 Hugh Honour, *Romanticism*, New York 1979, S. 40–41 und S. 46.

47 Delacroix, *Journal*, 14. Mai 1824, Bd. I, S. 104, und 24. Dezember 1853, Bd. II, S. 132.

48 C. P. Landon, *Annales du Musée, Salon de 1822*. Paris 1822, Bd. I, S. 87. Freilich dachte Delacroix auch an die Kunst von Rubens, der seinerseits von Michelangelo beeinflußt wurde.

49 Trapp, *The Attainment of Delacroix* (s. Anm. 5), S. 23.

50 Stendhal, *Histoire*, ed. Arbalet (s. Anm. 22), Bd. II, S. 199; Ed. le Divan (s. Anm. 23), Bd. II, S. 257; deutsche Ausgabe (s. ebd.), S. 299–300.

51 Zu diesen Gemälden vgl. Johnson (s. Anm. 1), Nr. 94–97, S. 67–69.

52 Delacroix, *Journal*, 7. April 1824, Bd. I, S. 69.

53 Stendhal, *Histoire*, éd. Arbalet (s. Anm. 22), Bd. II, S. 246; Ed. le Divan (s. Anm. 23), Bd. II, Kap. CLIX, S. 314; deutsche Ausgabe (s. ebd.), S. 330. Zur Gleichung zwischen »non finito« und »Ideal« siehe Eric Rothstein, »›Ideal Presence‹ and ›Non finito‹ in Eighteenth-Century Aesthetics«, in: *Eighteenth-Century Studies* 9, No. 3, Frühjahr 1978, S. 307–322.

54 Delacroix, *Journal*, Bd. I, 11. April 1822, S. 22 (Anm. 9). Zum Einfluß der spanischen Kunst siehe Michel Florisoone, »La Génèse espagnole des *Massacres de Scio* de Delacroix«, in: *Le Revue du Louvre et des musées de France*, 1963, Nr. 13, S. 195–208.

55 Delacroix, *Journal*, 11. April 1824, Bd. II, S. 74.

56 Adolphe Thiers, »Salon de 1822«, in: *Le Constitutionnel*, 11. Mai 1822, französisch zitiert bei Johnson (s. Anm. 1), Bd. II, S. 75.

57 Emile Zola, »Proudhon et Courbet«, *Le Salut publique*, Lyon, 13. August 1865, in: Gaëton Picon, Jean-Paul Bouillon (Hrsg.), *Emile Zola. Le Bon Combat. De Courbet aux impressionistes*, Paris 1964, S. 38.

Lebensdaten Delacroix'

1798 Geburt in Charenton-Saint-Maurice
1805 Tod des Vaters Charles Delacroix
1816/17 Studien bei Guérin, dort Begegnung mit Géricault und anderen jungen Malern
1819 Dante-Lektüre; Beginn des Tagebuchs (zunächst bis 1822)
1822 Als erstes Gemälde wird »Die Dantebarke« im Salon ausgestellt
1824 Das »Massaker von Chios« im Salon; Tod Géricaults
1825 Reise nach England, wo er Thomas Lawrence begegnet
1826 »Griechenland« auf einer Ausstellung zugunsten griechischer Freiheitskämpfer gezeigt; Illustrationen zum »Faust« (Lithographien)
1827 Der »Tod des Sardanapal« im Salon ausgestellt
1830 Nach der Juli-Revolution entsteht »Die Freiheit auf den Barrikaden«
1832 Reise nach Marokko (als Historienmaler innerhalb einer Gesandtschaft des französischen Königs)
1834 »Die Frauen von Algier« im Salon
1837 Sein Gesuch um Aufnahme in die Akademie der Schönen Künste im *Institut de France* wird abgelehnt (erst nach siebenmaliger Kandidatur wird Delacroix Mitglied)
1838 Auftrag des Königs zur Ausmalung des Palais Bourbon
1839 Hollandreise
1840 Auftrag zur Ausschmückung der Senatsbibliothek im Palais du Luxembourg
1843 Hamlet-Illustrationen (Lithographien)
1846 Mitglied der Ehrenlegion
1847 Wiederaufnahme der Tagebucheintragungen

1848 Delacroix verbringt die Februar-Revolution außerhalb von Paris

1850 Auftrag zur Ausmalung der Decke der *Galerie d'Apollon* im Louvre

1855 Auf der Pariser Weltausstellung zeigt Delacroix 42 Gemälde

1863 Tod nach Krankheitsanfällen seit 1856

Bedeutende Werke Delacroix' in europäischen Sammlungen

Frankreich

Bordeaux, Musée des Beaux-Arts:
Griechenland auf den Ruinen von Missolonghi

Paris, Musée du Louvre:
Das Massaker auf Chios
Der Tod des Sardanapal
Die Freiheit auf den Barrikaden
Die Frauen von Algier
Apoll besiegt Python (Deckengemälde)

Paris, Musée d'Orsay:
Löwenjagd (Farbskizze)
Kämpfende Araberpferde

Paris, Saint-Sulpice:
Jacob ringt mit dem Engel
Die Vertreibung des Heliodor

Paris, Palais Bourbon:
Ausmalung der Bibliothek und des »Salon du Roi«

Paris, Palais du Luxembourg:
Ausmalung der Bibliothek

Rouen, Musée des Beaux-Arts:
Die Gerechtigkeit Trajans

Strasbourg, Musée des Beaux-Arts:
Attila und die Barbaren treten die Kunst mit Füßen (Farbskizze)

Toulouse, Musée des Augustins:
Der Sultan von Marokko

Bundesrepublik Deutschland und Berlin

Aachen, Suermondt-Museum:
Die Kreuzritter ziehen in Konstantinopel ein (Farbskizze)

Berlin, Nationalgalerie (Galerie der Romantik):
Weiblicher Akt (Mademoiselle Rose)

Bremen, Kunsthalle:
Kreuzigung Christi

Valentins Tod

Hesiod und die Muse (Farbskizze)

König Rodrigo

Essen, Museum Folkwang:

Der Löwe und die Schlange

Frankfurt, Städelsches Kunstinstitut:

Araber-Fantasie

Hamlet und Horatio auf dem Friedhof

Hamburg, Kunsthalle:

Löwe und Alligator

Tiger und Schlange

Karlsruhe, Staatliche Kunsthalle:

Bildnis der Madame Simon

Köln, Wallraf-Richartz Museum:

Christus und Thomas

München, Neue Pinakothek:

Der Tod der Ophelia

Clorinde befreit Olindo und Sophronia vor dem Scheiterhaufen

Stuttgart, Staatsgalerie:

Tiger, ein Mädchen zerreißend

Schweiz

Basel, Kunstmuseum:

Verwundeter Hirt

Auferstehung des Lazarus

Bern, Kunstmuseum:

Tod Johannes des Täufers

Winterthur, Sammlung Oskar Reinhardt:

Episode aus dem griechischen Bürgerkrieg

Hl. Magdalena

Tasso im Gefängnis

Samson und Delilah

Zürich, Kunsthaus:

Blumen

Orangenverkäufer in Marokko

Zürich, Sammlung Bührle:

Christus auf dem See Genezareth

Daniel in der Löwengrube

Dänemark
Kopenhagen, Ny Carlsberg Glyptothek:
Die Schlacht bei Nancy (Farbskizze)
Herkules und Diomedes
Mirabeau und Dreux-Brézé

Großbritannien
London, National Gallery:
Bildnis des Baron Schwiter

Niederlande
Amsterdam, Rijksmuseum:
Christus am Ölberg

Österreich
Wien, Kunsthistorisches Museum:
Jacob ringt mit dem Engel (Farbskizze)

Schweden
Stockholm, Nationalmuseum:
Löwenjagd

Bibliographie

Baudelaire, Charles: *L'Oeuvre et la vie d'Eugène Delacroix* (1863), in: H. *Lemaître* (Hrsg.), *Curiosités esthétiques*, Paris 1962

Delacroix, Eugène: *Correspondance générale*, hrsg. von André *Joubin*, Paris 1936

Delacroix, Eugène: *Le Journal d'Eugène Delacroix*, hrsg. von André *Joubin*, Paris 1932, neu hrsg. von Régis *Labourdette*, Paris 1981

Escholier, Raymond: *Delacroix, peintre, graveur, écrivain*, 3 Bde., Paris 1926–1929

Johnson, Lee: *The Paintings of Eugène Delacroix: A Ciritical Catalogue*, 1816–1831, Oxford 1981

Mras, George P.: Eugène Delacroix's Theory of Art, Princeton 1966

Schawelka, Karl: *Eugène Delacroix: Sieben Studien zu seiner Kunsttheorie*, Mittenwald 1979

Sérullaz, Maurice: Mémoiral de l'Exposition Eugène Delacroix, Musée du Louvre, Paris 1963

Sérullaz, Maurice: *Delacroix*, Paris 1981

Trapp, Frank Anderson: *The Attainment of Delacroix*, Baltimore 1970

Abbildungsnachweis

Musée National du Louvre, Paris (Photos/Ektachrome: Cliché des Musées Nationaux) Umschlag, Falttafel, Umschlagrückseite, 1–9, 11, 12, 14, 15, 20, 22, 23, 27, 32, 33, 35, 37–38, 40, 42

Cappella Sistina, Vatikan, Rom (Photos: Bildarchiv Foto Marburg) 10, 13

Metropolitan Museum of Art, New York 16, Frontispiz

Bayerische Staatsgemäldesammlungen, Alte Pinakothek 17, 36

Museum Calouste Gulbenkian, Lissabon 18

Hamburger Kunsthalle (Photo: Ralph Kleinhempel) 19

National Gallery of Canada, Ottawa, Ruth Massey Tovell Bequest 21

Musée de Pontoise (Photo: Levallois) 24

Public Library, New York 25

Stiftung Bührle, Zürich 26

Palais du Luxembourg, Paris 27

Musée des Beaux-Arts, Angers 28

Art Institute, Chicago 29

Château, Dampierre 30, 30a

Ermitage, Leningrad 31

Musée des Beaux-Arts, Bordeaux (Photo: Danvers) 34

Collection Jouet-Pastré, Paris (Photo: Cliché des Musées Nationaux) 39

National Gallery, London 41

National Gallery of Art, Washington 43

kunststück Herausgegeben von Klaus Herding im Fischer Taschenbuch Verlag

Eine Auswahl

Cranachs Luther
Entwürfe für ein Image. Von Martin Warnke

Luther interessierte sich nicht für sein Bildnis, er überließ es ganz seinem Gevatter Lucas Cranach. Dieser aber stand in Diensten des Wittenberger Hofes, der für jede politische Konstellation ein geeignetes Lutherbildnis brauchte. So entstand eine Reihe Cranachscher Lutherbildnisse, die sich sehr voneinander unterscheiden. (3904)

Dürers Bauernsäule
Ein Monument des Widerspruchs. Von Hans-Ernst Mittig

Die »Bauernsäule« ist das Werk eines Stadtbürgers, der den Konflikt zwischen Bauern und Adel eindringlich verbildlichte, aber zu ihm nur widersprüchlich Stellung bezog. Diese neue Interpretation zeigt Dürer als Bearbeiter einer wirklichkeitszugewandten Kunsttheorie und eines weiterhin aktuellen Konflikts zwischen Gefühl und Verstand. (3905)

Joseph Beuys: Das Kapital Raum 1970–77 *Strategien zur Reaktivierung der Sinne. Von Franz-Joachim Verspohl. Fotos von Ute Klophaus*

Das vielteilige Environment befindet sich in Schaffhausen. Die einzelnen Bestandteile der Arbeit sind vom Künstler nicht durch Skizzen und Zeichnungen vorbereitet, sondern in Aktionen und zeitlich begrenzten Ausstellungen erprobt worden. Der Titel schließlich führt zu einem Schlüsselbegriff der Kunsttheorie des Künstlers. (3906)

Edouard Manet: Das Frühstück im Atelier
Augenblicke des Nachdenkens. Von Werner Hofmann

Manet nähert das Bildnis dem Stilleben an und in dieser Stillebenhaftigkeit entdeckt er Merkmale der Vereinzelung des bürgerlichen Menschen. Heute zählt das Gemälde von 1868, das sich im Besitz der Bayerischen Staatsgemäldesammlungen befindet, zu den Hauptwerken des Künstlers. (3908)

William Hogarth: Beer Street and Gin Lane
Lehrtafeln zur britischen Volkswohlfahrt. Von Berthold Hinz

Es ist dies einer der ersten Versuche (1751) eines bildenden Künstlers – und zwar eines hochrangigen – mit Kunstwerken sozialen Einfluß zu nehmen. Tatsächlich, und sicherlich nicht unbeeinflußt davon, wurde noch im selben Jahr ein Parlamentsgesetz gegen den Vertrieb von Branntwein erlassen. (3909)

Max Beckmann: Die Nacht
Passion ohne Erlösung. Von Matthias Eberle

Das Gemälde von 1918/19 aus der Kunstsammlung Nordrhein-Westfalen in Düsseldorf gilt allgemein als ein Schlüsselbild von Beckmann. Er zog hier nicht nur die Bilanz aus seinem Kriegserlebnis, sondern brachte auch sein Weltbild auf eine, den Zeitumständen entsprechend, bedrückende Formel. (3910)

Eugène Delacroix,
Dante und Vergil in der Hölle
(Dantebarke) Salon von 1822,
Paris, Musée National
du Louvre.